MONTALEMBERT

DU MÊME AUTEUR

LA RÉVOLUTION ET L'EMPIRE, 2ᵉ édition, 1 vol. in-12.

LES LUTTES RELIGIEUSES EN FRANCE AU SEIZIÈME SIÈCLE, 1 vol. in-8º.

LA RÉFORME ET LA POLITIQUE FRANÇAISE EN EUROPE jusqu'à la paix de Westphalie. *(Ouvrage couronné par l'Académie française.)* 2 vol. in-8º.

L'ÉGLISE CATHOLIQUE ET LA LIBERTÉ AUX ÉTATS-UNIS, 1 vol. in-12.

IMPRIMERIE CHAIX, RUE BERGERE, 20, PARIS. — 1064-1-97.

VICOMTE DE MEAUX

MONTALEMBERT

PARIS

CALMANN LÉVY, ÉDITEUR

ANCIENNE MAISON MICHEL LÉVY FRÈRES

3, RUE AUBER, 3

—

1897

MONTALEMBERT

AVANT-PROPOS

L'homme public, l'orateur, l'écrivain dont j'essaie de retracer ici l'image n'a jamais exercé le pouvoir, jamais manié d'autres armes que la parole ou la plume et sur un point capital, il a changé la loi de son pays.

Il a conquis en France une liberté nouvelle, la seule qui ait été revendiquée sans violence et pratiquée sans désordre : la liberté d'enseignement. Il a entrepris davantage. Ennemi déclaré de l'esprit révolutionnaire, mais ami passionné de toutes les libertés, il a voulu les employer toutes et ne plus employer qu'elles à la défense de la religion ; il a prétendu lui marquer ainsi sa place au foyer de la société moderne. Entreprise poursuivie à travers plus d'un écueil et qui lui a valu jusqu'à la tombe d'amères contradictions, mais que semble maintenant, sur le seuil du siècle prochain, justifier le sort de l'Église catholique à travers le monde, ses mécomptes et ses espérances. Enfin, en dehors de l'arène politique, il a pris part à l'effort tenté pour renouveler les lettres et l'art français en évoquant l'époque alors oubliée :

> Où la vie était jeune, où la mort espérait[1].

le Moyen Age.

Il a fait tout cela en un quart de siècle. Sa carrière oratoire et politique a commencé à vingt et un ans, s'est terminée à quarante-deux ans, et depuis lors toujours travaillant, toujours prêt à combattre, mais relégué dans la retraite, il est mort à soixante ans. La plupart des hommes au milieu desquels s'est écoulée sa vie publique, ses compagnons d'armes, ses émules et ses adversaires, étaient nés long-

---

1. Alfred de Musset.

temps avant lui, beaucoup lui ont survécu.
Tous sont éteints aujourd'hui et même parmi
les hommes d'une autre génération qui l'ont
abordé seulement dans sa retraite, parmi les
amis ou les disciples de la dernière heure, je
compte un à un ceux qui restent encore.

Je suis un de ceux-là ; c'est pourquoi avant
de disparaître moi-même, je me hasarde à
parler de lui. Si je pensais que la vérité, exposée
sans voile et sans fard, risquât de ne point profiter à sa mémoire, le lien sacré par lequel il
lui a plu que je lui sois uni m'obligerait sans
doute à me taire. Mais je n'éprouve pas et personne n'imaginera que je puisse éprouver
pareille crainte. Dès lors rien ne saurait gêner
ma franchise.

Il me semble que je l'entends m'adresser la
recommandation qu'il croyait entendre lui-
même de la bouche des héros qui lui étaient
chers, de ses pères et de ses maîtres dans la foi,
au moment où il se disposait à raconter leur
histoire : « Point d'apologie, point de pané-
gyrique ; un récit simple et exact ; la vérité,
rien que la vérité [1]. » Aussi, lorsque envisageant
à distance des événements auxquels je n'ai pas

été mêlé, j'estimerai qu'il s'est trompé, je ne le dissimulerai pas et, me souvenant de l'indépendance qu'il supportait, qu'il exigeait même de quiconque l'approchait et qui n'était pas le moindre charme de son commerce, je croirai en le contredisant lui obéir encore et lui rendre un hommage qu'il aurait agréé.

A défaut d'autre mérite, ces courtes pages seront donc sincères et véridiques. Si le lecteur y démêle le sentiment filial qui les a inspirées, il ne les rejettera pas pour cela ; peut-être même les accueillera-t-il avec plus d'indulgence. *Hic interim liber, honori soceri mei destinatus, professione pietatis laudatus aut excusatus erit* [2].

---

1. *Les Moines d'Occident.* Introduction, ch. X.
2. Tacite, *Agricola.*

CHAPITRE PREMIER

Charles-Forbes-René de Montalembert est né
à Londres, le 15 mars 1810, d'un père émigré
et d'une mère anglaise [1]. Son successeur à
l'Académie, un prince du sang de France, a
pu dire qu'il avait été « le type accompli de
l'union des deux races ». Depuis les croisades,
ses ancêtres paternels, enracinés en Poitou et
en Saintonge, n'avaient pas cessé de guerroyer;
c'était sous les Valois qu'ils s'étaient signalés

1. Au retour de l'émigration, son père fit transcrire les actes
de naissance des enfants qu'il avait eus à l'étranger sur les
registres de l'état civil à Paris. C'est pourquoi M. de Montalembert désignait Paris comme son domicile d'origine. Le nom de
Forbes placé parmi ses prénoms, selon une coutume anglaise,
était le nom de famille de sa mère.

davantage. Sous les Bourbons, durant l'éclat de la monarchie absolue, ils étaient restés à l'écart et, malgré une alliance avec madame de Maintenon, n'avaient guère paru à Versailles. Au XVIIIe siècle, l'un d'eux avait même vendu la terre dont il portait le nom pour chercher fortune dans les colonies.

Cependant la Révolution avait retrouvé les Montalembert en France et les avait jetés en deux camps opposés. Pendant que l'un, Marc-René, maréchal de camp avant 1789, inventeur d'un système de fortifications et membre de l'ancienne Académie des sciences, travaillait sous la direction de Carnot à la défense du territoire, un autre, Jean, se plaçait à la tête d'une troupe d'émigrés qui reçut le nom de *Légion Montalembert* et où s'enrôlait son fils. Celui-ci, quand l'émigration cessa de combattre, se réfugia en Angleterre, y prit du service et fit campagne aux Indes. A la chute de Napoléon il rentra dans sa patrie sur le vaisseau qui ramenait le roi, et fut ensuite nommé ministre plénipotentiaire de France à Stuttgart.

Durant son séjour en Angleterre, il avait épousé Élise Forbes, issue d'une race où le sang écossais s'était mêlé au sang irlandais et fille unique d'un voyageur alors renommé, qui devait, après avoir habité les Indes et fait le tour du monde, dévouer ses dernières années à la première enfance de son petit-fils Charles de Montalembert. En effet, tandis qu'à travers les événements qui changeaient la face de l'Europe et leur ouvraient une carrière nouvelle, le comte et la comtesse de Montalembert passaient rapidement d'Angleterre en France, de France en Allemagne, leur fils aîné demeurait abrité sous le toit du grand-père. Ce fut dans sa vaste et belle bibliothèque de Stanmore que l'enfant apprit à manier des livres. Ce fut aux récits du vieux voyageur dont il formait désormais l'unique compagnie, parmi les dessins et les collections de toutes sortes rapportés de tous pays, que commença à s'allumer cette intelligente curiosité, qui devait se porter sur les objets les plus divers et ne s'éteindre qu'à la mort[1].

Il est resté dans la famille un rare monu-

1. Madame Oliphant, après avoir traduit *les Moines d'Occident*, a publié, en anglais, sur M. de Montalembert, deux volumes pleins d'agrément et d'intérêt. On y trouve surtout de précieux détails sur son enfance et ses relations en Angleterre.

ment de la sollicitude avec laquelle l'aïeul, se reposant de ses longues pérégrinations, consacrait ses travaux et ses souvenirs à ce rejeton qu'il ne devait pas voir grandir. James Forbes avait publié sous le titre d'*Oriental memoirs*, en quatre volumes ornés d'une centaine d'estampes, la description des pays qu'il avait visités, des plantes et des animaux qu'il avait observés. Pour son petit-fils, il transcrivit de sa main, étendit et compléta ces descriptions, les enrichit d'un millier de paysages, de portraits d'hommes ou de bêtes, tantôt peints ou dessinés par lui, tantôt recueillis ici ou là et collés à travers les pages où se déploie sa magnifique écriture. Les quarante-deux volumes in-quarto, merveilleusement reliés, qui forment ce recueil, s'ouvrent par une dédicace de James Forbes à Charles de Montalembert et par un portrait de l'enfant aux yeux bleus alors âgé de trois ans. Puis, à mesure que l'enfant croissait, et quand revenait par exemple l'anniversaire de sa naissance, le vieillard, qui avait continué d'écrire en le regardant, interrompait ses récits pour lui adresser en prose et en vers des souhaits et des conseils.

Ainsi, s'entremêlent à maintes reprises aux souvenirs de voyage, aux études d'histoire naturelle, des effusions à la fois tendres et pieuses. Car, dans ces pages, James Forbes se montre à son petit-fils perpétuellement incliné sous l'invisible main de la Providence. C'est en présence de Dieu que ce savant homme contemple la nature. Aussi est-il permis de penser que le futur champion de l'Église romaine en France a reçu de son aïeul anglais et protestant, non seulement l'ardeur et la constance au travail, l'indépendance et l'activité de l'esprit, mais encore les premières impressions religieuses de l'âme.

Quant à la croyance qu'il devait professer, lui-même nous a appris comment elle avait commencé à s'enraciner dès le premier éveil de sa raison.

Il y avait alors parmi les directeurs du séminaire des missions étrangères un saint prêtre, l'abbé Busson, fort accrédité à la Cour et qui devait, après la révolution de Juillet, dans l'exil d'Holyrood, préparer à la première communion la petite-fille du roi Charles X, la future duchesse de Parme, puis enfin, retiré dans son pays, à Besançon, employer ses dernières années à instruire et diriger les servantes de Franche-Comté. Cet abbé Busson convertit au catholicisme la comtesse de Montalembert, élevée dans l'église anglicane, et fut en même temps, en matière de religion, le premier maître et le premier guide de son fils qui, trente ans après, écrivait à son sujet : « Je me rappelle très bien que ce fut en écoutant et en transcrivant de ma main d'enfant les éclaircissements réclamés par ma mère, que je fus porté à réfléchir pour la première fois aux preuves historiques de la religion et à prendre goût à ce genre d'études[1]. »

Au surplus, livré de bonne heure à lui-même, il était destiné à se former seul et comme sans appui. Nul autre que son grand-père n'avait suivi de près les débuts de son éducation, et il avait neuf ans, il était l'unique compagnon de voyage du vieillard, lorsque tout à coup dans une auberge, à Aix-la-Chapelle, il le vit s'éteindre. Ainsi se trouva-t-il prématurément face à face avec la mort ; ainsi fit-il pour la première fois l'apprentissage de la douleur et du deuil.

1. *Vie de l'abbé Busson*, par l'abbé Besson, depuis évêque de Nîmes.

Ce grand-père avait exercé sur lui une influence maternelle : quand il disparut, il ne fut pas remplacé.

A travers les missions diplomatiques de son père, la vie de famille fit défaut à l'adolescence du jeune Montalembert. Même quand ses parents l'appelaient près d'eux à l'étranger ou lorsqu'ils revenaient à Paris, les relations et les obligations du monde remplissaient les journées de sa mère, et lui, saisi dès lors de la passion d'apprendre, se tenait le plus qu'il pouvait à l'écart, poursuivant selon son attrait et poussant en tout sens ses études et ses lectures.

Au collège, pour un autre motif, il se trouva encore isolé. A l'âge de huit ans, il avait été mis pendant quelques mois, par son grand-père, dans une école anglaise, et, soit dans cette école, soit dans la maison de M. Forbes, il s'était familiarisé avec la langue et les habitudes britanniques avant même de parler français.

Aussi, lorsqu'après une éducation continuée dans les conditions que nous avons indiquées au foyer domestique, il entra en 1826, à seize ans, au collège Sainte-Barbe, à Paris, pour y faire sa rhétorique et sa philosophie, il y porta d’abord l’accent et l’allure d’un étranger. Toutefois ce n’était pas là ce qui pouvait effaroucher longtemps ses camarades, qu’attiraient sa vive humeur et sa verve entraînante, qu’émerveillaient sa puissance de travail et son instruction précoce.

Entre eux et lui une séparation tout autrement profonde était creusée par la foi chrétienne qu’il professait et pratiquait ouvertement.

« Le collège Sainte-Barbe, quoique dirigé par un prêtre d’une grande vertu et malgré les soins éclairés et le zèle évangélique de deux aumôniers du plus réel mérite, n’échappait pas à la fièvre irréligieuse qui régnait alors parmi la jeunesse confiée à l’Université, à Paris principalement [1]. » M. de Montalembert lui-même, répondant seize ans plus tard à son ancien professeur de rhétorique qui s’était plaint de ses attaques contre l’Université, constatait que « quand il était entré dans sa classe, au sortir de la maison paternelle et d’une éducation domestique où la foi tenait une place incontestée et souveraine, il s’était trouvé au milieu de trente jeunes gens dont pas un ne croyait à la

1. *Lettres à un ami de collège.* Introduction par M. Cornudet.

divinité de Jésus-Christ ». « Je sus bientôt, —
ajoutait-il, — qu'il en était de même dans
toutes les autres classes du grand collège, notamment en philosophie, où M. Léon Cornudet,
aujourd'hui maître des requêtes, se trouvait
précisément dans la même position que moi en
rhétorique. Je n'oublierai jamais les propos
affreux, les blasphèmes monstrueux qui circu-
laient sur les bancs à l'approche de la confes-
sion et de la communion pascales. Et je me tais
encore sur tout ce qu'il y avait d'immonde,
quant aux mœurs, dans le langage et les habitudes de la majorité de ces jeunes gens, cela est
étranger à l'enseignement, et l'enseignement
seul est du ressort des professeurs. Voilà donc
comment me sont apparus vos élèves.

» Quant à vous, monsieur, vous passiez parmi
eux pour être *un bon déiste*. C'était l'expression
consacrée dont je me souviens parfaitement, et
à coup sûr si on avait pu vous soupçonner
d'être autre chose, vous n'auriez pas été aussi
populaire que vous l'étiez auprès d'eux. Je
vous dois la justice de déclarer que jamais je
ne vous ai entendu dire un seul mot dans le
cours de vos leçons qui pût encourager leur

incrédulité. Mais je dois aussitôt ajouter que jamais non plus vous ne nous avez dit un mot qui impliquât chez vous une croyance religieuse quelconque, ou qui pût nous en inspirer le désir ou l'estime.

» Un pareil système doit et peut convenir à des parents incrédules ou indifférents qui seraient fort embarrassés d'avoir des enfants plus religieux qu'eux-mêmes. Mais il est atroce de l'imposer à ceux qui croient au vieux catholicisme, qui pratiquent ses lois et qui trouvent que cette foi et cette pratique sont le plus précieux héritage dont ils puissent doter leurs enfants. J'ai passé deux années à Sainte-Barbe, j'y ai été fort heureux; je marchais au bord de l'abîme presque sans m'en apercevoir; mon âme s'ouvrait graduellement à l'atmosphère empoisonnée qui avait tout infesté autour de moi... Si j'étais entré plus tôt pour rester plus longtemps, j'aurais à coup sûr suivi le torrent. Dès que je pus mesurer la profondeur du gouffre auquel j'avais échappé, une vraie terreur s'empara de mon cœur et ne fit place qu'à la résolution énergique de combattre tant que je vivrai un monopole qui dérobe sournoisement à l'Église sa liberté, et aux pères de famille catholiques la foi et l'innocence de leurs enfants [1]. »

Selon une disposition que nous reconnaîtrons plus d'une fois dans le cours de ce récit, M. de Montalembert, en accusant autrui sans ménagement, s'accusait lui-même plus qu'il n'était juste. L'ami qui, à cette époque, l'a le mieux connu et le plus aimé, le seul camarade qui partageât ses convictions, M. Cornudet, atteste, au contraire, qu'il les manifestait et les soutenait avec un indomptable courage [2]. Dès ses premiers pas hors de la maison paternelle, sa foi devenait militante. Au fond, il y avait là de quoi y rattacher davantage le rejeton d'une race chevaleresque, ayant hérité des goûts belliqueux de ses ancêtres paternels, en même temps que des goûts studieux de son aïeul maternel, et destiné à devenir, on l'a vu et proclamé plus tard, « dans la vie civile un homme de guerre ».

Quelques années après, l'impiété dont était environnée sa jeunesse ayant fait explosion à la suite de la révolution de Juillet, il devait

1. Lettre inédite, 16 octobre 1844.
2. *Lettres à un ami de collège*. Introduction.

voir « la croix arrachée du fronton des églises, traînée dans les rues et précipitée dans la Seine, aux applaudissements d'une foule égarée », et ce fut ce jour-là, lui-même l'a déclaré du haut de la tribune, qu'il « ramassa cette croix profanée dans son cœur et jura de la défendre [1] ».

La contradiction venue du dehors n'était donc pas capable de le détourner des croyances et des habitudes chrétiennes, loin de là.

Mais, au fond de lui-même, menaçait de s'élever une contradiction tout autrement redoutable à ses yeux : il se demandait avec effroi comment il accorderait ensemble son dévouement à la religion et son amour déjà passionné de la liberté. Dès le collège, avec une résolution à la fois candide et virile, il avait écrit et signé, il avait fait prendre et signer à son unique ami l'engagement solennel de se consacrer à l'une et à l'autre. « Servir Dieu, être libre, — écrivait-il alors, — voilà nos devoirs », et, à peine entré dans le monde, il était réduit à reconnaître que les deux

____

1. Discours du 14 janvier 1845, *Œuvres*, t. II, p. 30.

causes passaient pour inconciliables et que le triomphe de l'une était réputé devoir amener la défaite de l'autre.

En remontant sur le trône, la maison de Bourbon avait donné à la France la liberté et prétendait en même temps y relever l'Église. Or, dès les premiers pas dans la carrière qui venait de leur être ouverte, les hommes les plus épris de cette liberté naissante l'employaient à combattre les Bourbons et l'Église. Étrange et funeste égarement qu'encourageaient il faut bien le dire, du côté opposé, les défiances témoignées au nouvel état de choses par les dépositaires des traditions anciennes. On n'avait pas encore vu Berryer, relégué dans l'opposition par la révolution de Juillet, entreprendre, et non sans succès, l'éducation libérale de son parti. Chateaubriand, disgracié avec éclat, restait isolé des royalistes et environné de leurs adversaires. Les hommes les plus indépendants par position et par caractère répugnaient aux institutions libres, qu'ils étaient mieux que d'autres capables de pratiquer. Tocqueville observait avec tristesse cette anomalie parmi les gentilshommes ses pareils [1] et, vers la même époque, Lacordaire la retrouvait dans le clergé. « J'étais demeuré libéral — a-t-il écrit plus tard — en devenant catholique et je n'avais pas su dissimuler tout ce qui me séparait, sous ce rapport, du clergé et des chrétiens de mon temps. Je me sentais seul dans ces convictions ou, du moins, je n'avais rencontré aucun esprit qui les partageât... Ma mère me disait quelquefois avec une sorte de mélancolie : « *Tu n'as point d'amis !* » Je n'en avais point, en effet, et je ne devais en avoir qu'après des événements appelés à changer la face du monde et à changer en même temps ma propre destinée [2]. »

Il faut le reconnaître, à l'intérieur de sa famille, pareille épreuve fut épargnée au jeune Montalembert. Retenu hors de France jusqu'à la fin de l'Empire par son attachement à la royauté, son père avait rapporté d'Angleterre le goût de la liberté aristocratique qui élevait si haut alors la fortune de ce pays. Au milieu de beaucoup d'hommes étrangers jusque-là au gouvernement de la Restauration, M. Decazes

1. *La Démocratie en Amérique*, Introduction.
2. *Testament du Père Lacordaire*, p. 47.

avait compris cet émigré dans la promotion destinée à incliner plus à gauche la majorité de la Chambre des pairs, et, sans doute, il était un de ceux auxquels songeait le roi Louis XVIII lorsqu'en examinant la longue liste que lui présentait son ministre favori, il disait, au moment de signer l'ordonnance : « Parmi tous vos amis, vous avez pourtant placé quelques-uns des miens. »

Entré de la sorte au Parlement, le comte de Montalembert avait gardé en face des partis contraires une égale indépendance, tantôt soutenant contre la droite et la cour la liberté de la presse et tantôt contre l'opinion populaire le régime du droit d'aînesse et des substitutions. On pourrait ainsi retrouver chez le père quelque germe des idées et des sentiments qui devaient donner à la physionomie du fils une si éclatante originalité. Le père assurément n'allait pas alors aussi loin que le fils et surtout ne devait jamais monter si haut ; mais il ne marchait pas sur une route différente.

Il en allait autrement dès que le jeune Montalembert quittait son foyer. Le duc de Rohan, par exemple, qui était lié avec sa fa-

mille et que la mort soudaine et prématurée
d'une épouse tendrement aimée venait de pré-
cipiter dans l'état ecclésiastique, le recherchait
avec une bonne grâce propre à charmer son
adolescence. C'était le noble plaisir de ce grand
seigneur élégant et pieux de s'entourer de
jeunes hommes destinés à marquer dans
l'Église ou dans le monde, d'appuyer leurs
premiers pas et de les mettre en lumière. D'un
esprit médiocre lui-même, il goûtait les esprits
supérieurs et content pour sa part d'une autre
sorte de supériorité, celle de la naissance, il
n'en prenait point ombrage. Il a ainsi poussé
et soutenu à leur entrée dans la carrière ecclésiastique plusieurs prêtres qui ont plus tard
fait honneur à l'Église de France et parmi eux,
plus que tous les autres, celui qui devait en
être la gloire, l'abbé Dupanloup, le futur
évêque d'Orléans. Comme le jeune Montalembert, à peu près vers la même époque, se préparait à entrer dans le monde, il eût souhaité
l'attirer pareillement et, tout en encourageant
sa piété naissante, l'engager dans la voie politique où il marchait lui-même. Au sortir de
la classe de rhétorique où il avait remporté, au

concours général, un second prix de discours français, l'écolier fut donc invité à passer ses vacances chez le duc de Rohan, déjà prêtre et bientôt cardinal, dans son beau et historique château de la Roche-Guyon ; il y rencontra une société brillante ; dans la chapelle que célébraient alors les vers de Lamartine :

> Dans le creux du rocher sous une voûte obscure

et aux pieds d'un autel éblouissant de lumières, il assista avec ravissement aux chants, aux cérémonies, où se déployaient la dévotion et la magnificence du nouveau prêtre. Les prévenances dont il fut entouré le touchèrent, mais ne le changèrent point. « Le duc de Rohan — écrivait-il de la Roche-Guyon à son ami de collège — m'a témoigné une véritable affection et cependant j'éprouve un je ne sais quoi qui m'éloigne de lui... Jamais mon cœur ne pourra se livrer à un prêtre, à un Français qui déclare hautement que la liberté et l'égalité constitutionnelles sont des chimères. » Néanmoins, ce séjour se grava dans son souvenir et s'il ne partagea jamais les opinions de son hôte, il en reçut un exemple dont il devait profiter dans la suite. Lorsque, au milieu de ses plus grands travaux et dans le plein éclat de sa renommée on remarquait sa constante bienveillance pour les jeunes gens, son empressement à les recevoir, sa condescendance à les entretenir : « C'est un exemple que m'a donné le cardinal de Rohan, disait-il. Je me rappelle comme il me faisait accueil quand je sortais du collège et quel prix avait pour moi l'attention dont j'étais l'objet. Je voudrais rendre à d'autres le bien qui m'a été fait.

Cependant, il cherchait ailleurs des lumières.

Durant ses deux années de rhétorique et de philosophie, non content de dévorer avec une avidité vraiment effrayante les auteurs de tout siècle et de tout pays, les anciens, depuis Homère jusqu'à Pline, les Anglais, depuis Shakspeare et Milton jusqu'à Burke, Walter Scott et Byron, les Allemands, Klopstock, Gœthe et Schiller et parmi les Français, les poètes, les historiens, les romanciers modernes de préférence aux classiques : Lamartine et Victor Hugo, Sainte Beuve et Vigny, Augustin Thierry et madame de Staël, il lui fallait encore,

les jours de congé, courir aux leçons des professeurs alors en crédit près de la jeunesse
libérale et lettrée ; leur leçon publique achevée,
avec la confiante hardiesse de ses dix-huit ans,
il les abordait chez eux pour les consulter sur
ses propres études et ceux-ci se prêtaient
volontiers à ses questions.

A cette époque, les personnages parvenus au
sommet de la vie prenaient plus de souci de la
génération qui les suivait, peut-être parce qu'ils
espéraient davantage de l'avenir. Comment, au
surplus, un tel esprit à son aurore n'aurait-il
pas intéressé ceux à qui il s'ouvrait ? Vingt ans
après, M. Guizot croyait le voir encore, lui présentant son premier écrit et en sollicitant la
publication dans la *Revue française* que le grand
historien dirigeait alors. « Malgré qu'il y eut
déjà dans cet ouvrage un talent rare, je fus
encore plus frappé de vous-même que de votre
ouvrage, — lui disait-il en le recevant à l'Académie française. — Des pensées si sérieuses avec
des émotions si vives, tant de gravité dans le
cœur avec tant d'ardeur dans l'imagination,
votre foi profonde et naïve, votre physionomie,
votre langage pleins en même temps de réflexion

et de passion et votre extrême jeunesse faisant
éclater toutes ces richesses de votre nature avec
son inexpérience impétueuse, ses grands désirs
et ses beaux instincts, tout cela vous donnait,
monsieur, un caractère original et plein d'attrait. » Le voilà tel qu'il paraissait alors.

Chose singulière! L'homme célèbre qu'à cette
époque il a le plus recherché, devait figurer
dans la suite en première ligne parmi ses
adversaires : c'était Cousin. Il le fréquentait,
prenait plaisir à l'écouter, mais, en réalité, n'a
guère subi son ascendant. Cousin, le voyant
tourner les yeux vers l'Allemagne, lui avait
conseillé d'étudier Kant et sa métaphysique,
étude aride et difficile, à laquelle il s'essaya
consciencieusement mais dont il se lassa assez
vite et qui ne lui profita guère. Si un maître
exerça sur lui à cette époque une sérieuse
influence, ce fut un Breton, encore obscur et
récemment débarqué de sa province. A la
Société des bonnes études, société libre fondée
sous la Restauration par les chefs du parti
religieux et royaliste pour l'instruction de la
jeunesse, M. Rio professait devant une élite
peu nombreuse, avec un rare esprit de foi et

d'indépendance, la philosophie et l'histoire, et le jeune Montalembert, avant même d'entrer au collège, n'ayant pas encore seize ans, avait suivi son cours. Le professeur qui, de son côté, n'avait pas trente ans, devint bientôt l'ami de l'élève, quelque temps après le compagnon de ses courses à travers l'Allemagne et l'Italie et, plus tard, Rio plaçait Montalembert au premier rang de ceux qui lui avaient inspiré l'œuvre destinée à remplir sa vie et à honorer sa mémoire, l'*Histoire de l'Art chrétien*, tandis que Montalembert se plaisait à répéter : « N'oublions jamais que Rio a cultivé en nous l'enthousiasme. »

A vrai dire, l'enthousiasme germait et poussait naturellement en son âme et ce qui a contribué plus que tous les maîtres à former sa jeunesse, ce sont ses voyages. Élevé d'abord en Angleterre, ensuite en France, son esprit s'était étendu et aiguisé au contact des deux pays. A douze ans, il avait rejoint ses parents à Stuttgard, et s'était familiarisé avec la langue allemande. A dix-huit ans, il était allé jusqu'à Stockholm, où son père avait été transféré comme ministre plénipotentiaire. C'était de cette

lointaine contrée, après un séjour de dix mois,
qu'il avait apporté à **M.** Guizot son premier
écrit. Cet écrit avait pour objet et pour titre :
la Liberté constitutionnelle en Suède.

Cependant dès lors ses regards s'étaient portés
au delà de la Suède, d'un côté sur l'Allemagne,
de l'autre sur l'Irlande.

Ayant déjà parcouru et même habité, nous
venons de le dire, le territoire germanique, il
n'avait pas encore pénétré la pensée germanique.
Un prêtre bavarois, Laurent Studach, venu à
Stockholm en qualité d'aumônier de la princesse royale, lui ouvrit ce nouvel horizon.
A travers le mouvement confus des esprits tra-
vaillés en tous sens, il lui signala les écoles qui
semblaient présager un réveil chrétien. La philosophie de Kant recommandée par Cousin
l'avait rebuté. L'abbé Studach lui fit connaître
celle de Schelling et de ses disciples, qui pour-
suivaient alors l'alliance de la raison avec la
foi et dans la recherche de la vérité assignaient
une place importante au sentiment du beau, à
la connaissance de l'esthétique. Il y avait là de
quoi attirer le jeune Montalembert. Schelling,
sans doute, n'était pas destiné à justifier les

espérances qu'il avait fait concevoir; M. de Montalembert devait assez promptement l'oublier et **avec** lui à peu près toute la philosophie allemande. Il allait bientôt étudier l'Allemagne de plus près et sous un aspect plus conforme à son propre esprit, se familiariser avec l'érudition et l'art allemands, lier commerce à Munich avec Brentano, Dollinger, Gœrrès. Il n'en est pas moins vrai et digne de remarque que c'est un prêtre catholique, jeté presque seul et comme perdu au fond de la Suède protestante, qui a signalé le premier le génie allemand et ses ressources à l'un des écrivains français qui devaient en profiter.

Quant à l'Irlande, c'était avec son cœur, avec son âme tout entière que de loin il s'élançait vers elle. Les débats du Parlement anglais avaient été l'une de ses premières lectures et l'éloquence de Burke, l'une de ses premières admirations. Il avait appris par cœur et déjà dans la cour de Sainte-Barbe, il récitait à ses camarades les harangues de l'orateur, tantôt stigmatisant les abus de pouvoir de l'Angleterre dans ses colonies, tantôt combattant la Révolution française au nom de la liberté.

Mais ce qui l'enflammait plus que tout le reste, c'était les revendications en faveur de la catholique Irlande asservie et dépouillée. Ces revendications après les avoir rencontrées dans les discours de Burke, au Parlement britannique, il les avait encore recueillies dans les discours de Grattan qui en avait fait retentir le Parlement irlandais près d'être fermé. Puis des misères présentes de la nation opprimée, il était remonté à ses traditions et ses souvenirs ; il avait formé le dessein d'écrire son histoire ; enfin il avait voulu la voir et la connaître chez elle, sur son beau et désolé territoire. Trois sentiments, les plus puissants sur son âme, les mêmes qui devaient bientôt l'attacher à la Pologne, le poussaient vers l'Irlande : la foi, l'amour de la liberté, le dévouement à l'infortune.

Il allait s'embarquer à Stockholm pour Dublin quand la maladie de sa jeune sœur l'arrêta.

A quinze ans, dans les glaces du Nord, la pauvre enfant se mourait de la poitrine. Il fallait la conduire vers un climat plus doux. Elle partit, accompagnée de sa mère et de son frère et, en route, elle succomba. Ce fut après l'avoir ensevelie et en la pleurant toujours, que son frère reprit le chemin de l'Irlande. Une seconde fois il devait en être détourné.

Il venait d'arriver à Londres, au mois de juillet 1830, lorsqu'il apprit les ordonnances de Charles X et le soulèvement qu'elles provoquaient. A cette nouvelle, il ne peut rester loin de la France, il accourt à Paris, agité d'émotions contradictoires, prêt à combattre le pouvoir arbitraire, quand il le croit menaçant, et promptement dégoûté par le spectacle de la Révolution, dès qu'il assiste à son triomphe. Mais son père, effrayé de son exaltation, redoutant les fausses démarches où peuvent l'entraîner ses vingt ans, le fait repartir sans délai.

Il faut qu'il repasse la Manche et cette fois enfin, le 9 septembre 1830, après avoir traversé l'Angleterre, il débarque à Dublin.

C'était alors l'âge héroïque de l'Irlande ; sa juste cause n'était soutenue que par de justes moyens. Sa religion venait d'être émancipée ; sa misère n'était encore aucunement soulagée. Le jeune voyageur qui l'abordait « avec un pieux respect » voulait-il prendre part à son culte ? A côté des magnifiques cathédrales confis-

quées par le protestantisme et demeurées vides,
autour d'un étroit sanctuaire mal abrité par
un toit de chaume, il rencontrait une multitude en haillons, prosternée sur la terre nue et
suspendue aux paroles d'un apôtre, que, dans
son dénûment, elle trouvait moyen de nourrir,
pour apprendre de lui à garder son âme libre
en la gardant croyante. Du milieu de cette
foule avec laquelle il avait prié, le voyageur se
relevait-il ensuite pour prêter l'oreille aux
bruits venant de la France? Il entendait de
loin les cris sauvages de l'impiété populaire, le
déchaînement brutal contre les églises et les
prêtres, comme si les mêmes hommes qui venaient de renverser leur trône avaient besoin
pour s'affranchir de renverser aussi l'autel.
Voilà comment sa pensée était ramenée vers sa
patrie.

Alors lui semblait avoir sonné l'heure douloureuse qu'il avait pressentie lorsque au collège
il anticipait sa destinée, l'heure où il devrait
se séparer des défenseurs de la liberté, leur
cause étant victorieuse, et, pour rester fidèle à
la religion vaincue, se ranger, en dépit de ses
répugnances, dans le parti de l'ancien régime.

Il envisageait cette perspective avec angoisse, quand lui parvint la nouvelle que l'abbé de Lamennais fondait le journal *l'Avenir*.

Le prêtre le plus illustre de l'Église de France et jusque-là le plus engagé dans la lutte contre le libéralisme, déclarait ne plus rien attendre que de la liberté. Il tournait le dos au passé, aux institutions et aux traditions anciennes, pour unir la cause de l'Église à celle des peuples qui brisaient leurs vieux liens et leurs vieux freins et du milieu des révolutions détruisant ce qui avait mérité de périr, il annonçait que cette Église immortelle sortirait rajeunie. C'est pourquoi il nommait son journal *l'Avenir*.

Qu'on se figure l'effet d'une telle nouvelle sur le jeune homme cherchant sa route à travers l'orage. Tous les sentiments qui partageaient son âme semblaient mis d'accord ; tous ses rêves, satisfaits et même dépassés. La destinée du monde et aussi sa propre destinée s'éclaircissaient à ses yeux. Du fond de l'Irlande, dès le 26 octobre 1830, il s'enrôla dans la rédaction de *l'Avenir*, et, dès le 5 novembre, il était à Paris pour y prendre sa place. En entrant dans le cabinet de l'abbé de Lamennais il y trouva l'abbé Lacordaire ; il les voyait l'un et l'autre pour la première fois. Lacordaire avait désormais un frère d'armes, et Lamennais deux lieutenants capables de soutenir avec éclat la campagne qu'il venait d'engager à peu près seul contre tous. Le plus jeune des deux achevait à peine son éducation ; il était étudiant en droit, il avait vingt ans et déjà commençait pour lui la vie publique.

CHAPITRE II

I

Le journal *l'Avenir* n'a jamais eu plus de douze cents [1] abonnés, soit prêtres, soit laïques ; il a duré treize mois, du mois d'octobre 1830 au mois de novembre 1831. Pendant cette année orageuse on n'aperçoit aucun parti, aucun homme qu'il ait porté au pouvoir ou qu'il en ait écarté, aucun événement politique auquel il ait contribué et pourtant il a laissé dans l'histoire du journalisme français une trace que

1. Dans les souvenirs dictés de mémoire à son lit de mort le P. Lacordaire a dit trois mille. Mais l'historien du P. Lacordaire, le très exact M. Foisset et M. de Montalembert ont écrit l'un et l'autre douze cents.

l'on regarde encore, une trace qui n'a été plus tard ni suivie, ni effacée.

Lorsqu'on relit aujourd'hui les articles de ce journal, on se croit transporté tout à coup des glaces du pôle dans la zone torride. Le style en est constamment incandescent et, sous les feux qui les inondent, les objets, petits ou grands, prennent un relief étrange, un aspect parfois fantastique. Dans la presse quotidienne est introduit le langage biblique. Lamennais s'en approprie les images sombres et les accents qui épouvantent, la prophétie et l'anathème; Montalembert, les images brillantes et les accents qui ravissent, le cantique et la prière. Des trois, le moins biblique, mais non le moins lyrique est assurément Lacordaire. Avec une originalité qui n'est pas exempte d'affectation, il recherche déjà pour la défense de sa fo· la nouveauté non seulement des opinions, mais des expressions, une façon de parler plus dégagée et en quelque sorte plus séculière. Sous sa plume, on découvre à chaque instant le poète et l'on pressent dès lors l'orateur. De cette association entre un maître plus capable d'imposer ses pensées que de les régler et deux

jeunes talents qui s'éveillaient, était sortie une
œuvre pleine à la fois de sincérité et d'illusion,
de déclamation et d'éloquence.

Passe-t-on du langage aux idées? Ce qui
frappe tout d'abord à un égal degré, c'est la
méconnaissance des choses présentes et l'intui-
tion des choses futures, le don de la seconde
vue à défaut de la première. De là, une perspective ouverte, un élan donné aux esprits en
quête d'idéal et fatigués des spectacles contemporains. Mais de là aussi, dès les premiers pas
sur la route non frayée où l'on s'engageait, des
échecs et des chutes.

D'ailleurs même en se portant au loin, le
regard de Lamennais et de ses disciples était
moins étendu que perçant ; il n'embrassait pas
l'horizon dans son ensemble et dès lors ne
donnait pas aux objets sur lesquels il se fixait
leurs justes proportions. C'est ainsi qu'au lendemain de la révolution de Juillet, désabusés
de la vieille alliance de la monarchie avec le
clergé, ils ne tenaient compte, ni de l'hostilité
déclarée de l'esprit révolutionnaire contre le
christianisme, ni des périls pressants dont le
triomphe imminent de la Révolution en Europe

menaçait l'Église. C'est ainsi encore que dans l'état futur du monde tel qu'ils l'imaginaient, la liberté devait être sans limite et la démocratie sans contrepoids, comme si les contrepoids et les limites n'étaient pas nécessaires à toute force humaine.

Ils n'en ont pas moins signalé les premiers : d'une part, dans la ruine des anciens privilèges, quels profits l'Église pourrait tirer pour sa propre cause et pour ses propres œuvres des libertés communes à tous et d'autre part, au sein des sociétés démocratiques, quelle place agrandie la papauté devrait occuper au sommet de l'Église. Ils ont ainsi inauguré et même devancé tout le progrès catholique en notre âge, mais ils l'ont devancé en excédant et c'est l'excès de leur langage et de leurs thèses qui attira les foudres de Rome et qui demeure condamné.

L'histoire de cette condamnation a été racontée par ceux qu'elle atteignait et qui l'avaient eux-mêmes provoquée en insistant pour obtenir un jugement du Saint-Siège. On sait qu'au moment où ils reçurent ce jugement, ils s'accordèrent à déclarer que « respectueusement soumis à l'autorité suprême du vicaire de Jésus-Christ, ils sortaient de la lice où ils avaient vaillamment combattu pendant deux années ». Bientôt, cependant, les uns et les autres devaient tenir des conduites bien différentes. L'abbé de Lamennais s'est expliqué à cet égard dans son livre sur les *Affaires de Rome* peu de temps après sa rupture avec l'Église ; le Père Lacordaire, dans les souvenirs dictés sur son lit de mort et M. de Montalembert enfin, dans son éloge funèbre de Lacordaire. Quand on lit les récits laissés par ces trois hommes, on reconnaît sans peine que cet événement a marqué pour chacun d'eux l'épreuve décisive de la vie, épreuve où sombra chez Lamennais l'esprit sacerdotal et à sa suite la foi chrétienne, tandis que cet esprit sacerdotal se trempa chez Lacordaire et s'affermit à jamais.

En ce qui concerne le plus jeune des trois, il pensa tout d'abord que le coup qui le frappait brisait sans retour sa carrière avant qu'elle eût commencé. Il se trompait. Au prix d'une cruelle expérience, il acquerrait ce qui avait fait défaut à ses précoces débuts, le discernement de ce qui est possible, la défiance de ce qui est extrême. D'autre part, la soumission à laquelle il se décida, non sans un pénible effort, donna au Saint-Siège un gage de sa fidélité qui devait plus tard et longtemps accréditer son dévouement, autoriser ses hardiesses, et voilà comment il fut acheminé vers sa destinée, à l'heure même où il en désespérait, préparé à devenir le champion laïque de l'Église catholique dans la France moderne.

Mais cette préparation dont il n'avait pas le secret fut douloureuse et pleine d'angoisse. En livrant les lettres écrites par Lacordaire à cette époque, il a mis en pleine lumière l'âme de son ami ; ce qui s'est passé dans la sienne est davantage resté dans l'ombre. Lorsque, pour rendre témoignage à cette mémoire chère et sacrée, il se disposait à publier « avec confusion, avec remords », écrivait-il, les ardentes remontrances auxquelles il n'avait pas cédé sans délai ; un homme jeune et obscur, qu'il écoutait quelquefois, lui dit, je m'en souviens : « Vous n'étiez pourtant pas rebelle alors, mais seulement hésitant et troublé. » Il admit l'observation : « *Hésitant et troublé;* oui, c'est bien cela », et la phrase qui atténuait ses aveux, en les rendant plus exacts, fut insérée dans son récit ; il ajouta : « Pendant que je résistais opiniâtrement aux pressantes sollicitations de Lacordaire, j'invoquais auprès de Lamennais la fidélité de mon dévouement, le plus obstiné de tous ceux qu'il avait suscités, pour obtenir de lui la patience et le silence. » Il n'avait pas sous les yeux et je ne connaissais pas à cette époque ses lettres à Lamennais. Je les ai maintenant recouvrées[1], et dans un livre qui met en pleine lumière la jeunesse de M. de Montalembert[2], il en a été déjà fait usage. Elles confirment, et au delà, la justice que leur auteur consentait, trente ans après, à se à rendre lui-même.

En effet, la prompte soumission de Lamennais ne devait point être durable. Du fond de

1. Ces lettres étaient entre les mains de M. Eugène Forgues. Il les avait reçues de son père, M. Émile Forgues, à qui M. de Lamennais les avait léguées, et il me les a rendues en échange des lettres de M. de Lamennais, conservées par M. de Montalembert. Nous nous sommes félicités l'un et l'autre du loyal accord qui s'est établi entre nous en cette circonstance.

2. La *Jeunesse de Montalembert*, par le Père Le Canuet, de l'Oratoire. Le Père Le Canuet poursuit maintenant son œuvre et se propose de retracer, dans un récit étendu et complet, la vie entière de M. de Montalembert.

sa retraite de La Chesnaye, sa rancune contre le Saint-Siège s'échappait en sarcasmes amers, en cris de colère mal contenue qui ranimaient contre lui les soupçons, fournissaient matière aux dénonciations, suscitaient de nouvelles exigences de l'autorité ecclésiastique, réduite à douter de sa sincérité, et ces exigences dans le moment même où il les subissait, n'étant pas encore résolu à rompre, achevaient de l'aliéner. Dès lors, il commençait à composer les *Paroles d'un Croyant*. Bientôt ce manifeste révolutionnaire, écrit dans la langue de l'Apocalypse, cet appel à la révolte adressé à tous les peuples, en invoquant le nom de Dieu, allait paraître.

Or, pendant que Lamennais, âgé alors de cinquante ans et portant le poids de vingt années de travaux, de combats et de gloire, s'avançait ainsi vers le précipice, le jeune Montalembert, à peine connu alors, s'était réfugié en Allemagne, demandant aux voyages à travers les vieux monuments et les vieilles ruines, à l'étude solitaire et silencieuse de l'histoire, au spectacle des pays et des siècles lointains l'oubli de ce qui venait de troubler sa vie et son âme. Mais dans cet asile, le contrecoup des blessures faites à celui qu'il nommait toujours « son père bien-aimé » l'atteignait. Il avait épousé ses griefs. L'ingratitude qu'il attribuait au Saint-Siège envers le plus illustre défenseur de sa cause l'indignait, l'abandon dans lequel était laissé le grand homme foudroyé le navrait, et lorsque Lacordaire quitte brusquement La Chesnaye, ne voulant pas accuser sans rémission le cœur de son ami, il taxe sa « fuite » de « folie ». Quant à lui-même, plus résolu que jamais alors à « enchaîner sa vie à celui qui lui a donné une vie nouvelle », il l'appelle auprès de lui, en Allemagne, il offre de le suivre en Italie, en Espagne, en Orient, partout où il lui plaira d'aller ; mais en même temps il le conjure de se taire, et c'est avant tout pour le soustraire à la tentation de parler qu'il le convie à voyager. Sur le fond des choses ses opinions ne se modifient pas soudainement. Il a gardé le culte de la liberté et ce culte lui paraît réprouvé par Rome. Son esprit et son cœur restent déchirés entre un amour et une foi qui se contredisent alors à ses yeux, mais qu'il ne désespère pas de voir s'accorder un jour, et

c'est avant tout pour ne point retarder ce jour,
qu'il supplie Lamennais de ne pas démentir la
soumission que lui commande sa vie passée,
qu'il a promise en recevant la décision du
Saint-Siège, et de persévérer dans le silence.
« Dieu vous a donné l'occasion de mettre le
sceau à votre gloire par un exemple, unique
depuis deux siècles, de conséquence avec vous-
même... Croyez-vous que ce silence ne fait pas
mille fois plus pour propager, pour justifier
vos idées que les plus éloquentes paroles... De
deux choses l'une : les idées que nous avons
propagées et défendues sont bonnes ou mau-
vaises, vraies ou fausses, divines ou terrestres·
Si elles sont terrestres et fausses, nous devons
bénir Dieu de ce qu'il nous empêche de les
défendre plus longtemps. Si elles sont vraies et
divines, quelle plus sûre occasion de les faire
triompher, quelle plus éclatante bénédiction de
Dieu peuvent-elles recevoir que cette sanction
qui leur est donnée par la pratique de l'humi-
lité et de la résignation chrétienne ? »

Toutefois la conduite qu'il conseille ainsi ne
lui paraît point encore obligatoire, mais seulement opportune, et telle est la fascination qu'il

continue de subir, qu'après les instances que nous venons de transcrire, il ajoute : « Pour ce qui me regarde personnellement, je ne puis que vous répéter ce que je vous ai souvent dit : savoir que quand même vous adopteriez le parti le plus diamétralement opposé à tout ce que je dis et pense, je n'en serai pas moins le premier de vos associés et coopérateurs[1] ».

Cependant Lamennais s'éloigne de plus en plus de l'Église et de plus en plus le disciple à peu près unique qui lui reste encore s'en effraie. Ce n'est pas que le langage du maître à ce disciple ne semble à cette époque plus mesuré que tout le reste de sa correspondance. Soit qu'il redoute de contrister la candeur de celui qu'il ne cesse de nommer son enfant, soit que sa propre âme s'apaise en se tournant vers cet enfant dévoué, on ne retrouve pas dans les lettres qu'il lui adresse le fiel amer qui coule ailleurs de sa plume. Cette correspondance, au surplus, ne roule pas uniquement sur les controverses qui agitent les deux interlocuteurs. Les embarras pécuniaires au milieu desquels

----

1. Tœplitz (Bohême), 2 octobre 1833.

Lamennais se débat, sont pour M. de Montalembert un habituel souci et, quelque part qu'il
soit, il prend grand soin que la pension qu'il
prélève sur sa modeste aisance parvienne avec
exactitude à La Chesnaye, pension que Lamennais accepte alors d'une façon noble et simple
et qu'il refusera plus tard avec la même sim-
plicité et la même noblesse, quand il se jugera
lui-même trop séparé de son ancien disciple
pour la conserver avec honneur. De son côté,
M. de Montalembert traverse dans sa vie domestique des épreuves et des tribulations ; il les
confie sans réserve à Lamennais, et autant
celui-ci est un guide dangereux quand il s'agit
de choses publiques, autant, quand il s'agit de
choses privées, ses avis sont sages et salutaires.
Même pour la conduite religieuse et politique,
le danger consiste dans son exemple beaucoup
plus que dans ses conseils. Il annonce ses résolutions, mais il ne s'efforce guère d'y associer
autrui, et ces résolutions qu'il ne déguise pas
longtemps, il les présente à cet esprit encore
naïf, malgré sa vigueur, sous leur aspect le plus
inoffensif ; il n'affiche pas d'abord, vis-à-vis de
lui comme ailleurs, le mépris de toute autorité,

au contraire, dans le moment où il brave
Rome, il cherche à lui persuader et sans doute
à se persuader, que Rome ne frappera pas.

Cependant le jeune homme qui recevait de
Lamennais des lettres capables de prolonger
quelque temps son illusion, en recevait aussi
de **Lacordaire**, les plus propres à éclairer et à
gagner son âme. Pour cette âme chère entre
toutes, ce prêtre, cet ami, « dépensait à l'insu
du monde entier les plus riches trésors de son
éloquence ». Les encycliques, à cette époque,
enseignaient assurément les mêmes doctrines
qu'aujourd'hui, mais non dans le même langage ; leur style surchargé effarouchait les
hommes imbus des pensées de leur temps. Avec
un zèle pareil à celui que d'habiles apologistes
ont déployé plus tard pour rassurer la société
moderne tout entière, Lacordaire, dans le secret
de cette correspondance, s'appliquait d'abord à
rendre au document pontifical sa vraie portée,
à en donner l'interprétation la plus favorable.
Et cela fait « avec quel charmant mélange de
sévérité et d'humble affection, quelles salutaires alternatives d'impitoyable franchise et
d'irrésistible douceur », il adjurait son ami

« d'abaisser sa raison devant celle de Dieu et devant l'Église qui est son organe[1] ».

Peu à peu, d'ailleurs, Lamennais déchirait tous les voiles. Comme il gardait mal le silence qu'il avait promis d'abord, Rome ne se contentait plus de cette promesse. Une adhésion formelle aux doctrines de l'encyclique allait être réclamée de lui et, dans la lettre pontificale qui présageait cette exigence, un écrit « d'un de ses principaux disciples » : la préface du *Pèlerin polonais* était visée et blâmée. Le *Pèlerin polonais* était un livre du poète Adam Mickiewitz, où la passion révolutionnaire se trouvait associée, comme elle devait l'être bientôt après dans les *Paroles d'un Croyant*, au sentiment religieux. En traduisant ce livre, en l'accompagnant de quelques pages dont Lamennais lui écrivait : « Jamais tu n'as fait rien qui en approche », M. de Montalembert s'était proposé d'exprimer les souffrances d'un peuple chrétien et n'avait pas cru rentrer pour sa part dans la lice que l'encyclique avait fermée. Mais enfin, puisque la Cour de Rome en jugeait autrement, il fal-

---

1. *Le Père Lacordaire*, par le comte de Montalembert. Paris, Didier, éditeur, 1862.

lait prévoir que, lui aussi, aurait à se prononcer, et en face de cette perspective qui le bouleverse et le navre, sans attendre ce que pensera Lamennais, sans subordonner cette fois sa résolution au parti que celui-ci pourra adopter, il lui écrit tout aussitôt du fond de l'Allemagne : « Je ne vois pas d'autre parti à prendre que celui de la soumission la plus absolue et je n'hésiterai pas à le prendre pour mon compte. Mais s'il en est ainsi pour moi, laïc, libre, sans antécédents significatifs, combien ne doit-il pas en être davantage pour vous prêtre et engagé dans la route de l'obéissance et de la soumission, la plus aveugle même, envers Rome, par vingt années d'éloquentes et perpétuelles protestations de dévouement et d'amour envers elle.

Lorsque j'ai reçu cette fatale lettre du pape, si blessante aussi pour moi, puisqu'elle renferme un jugement si injurieux et si public contre moi qui n'ai travaillé jusqu'à présent que pour l'Église, j'ai cherché sur-le-champ une consolation dans votre *Imitation*. La Providence a voulu que j'ouvrisse justement le livre au chapitre ix du livre Ier, intitulé : *De l'obéissance et du renoncement à son propre sens*. J'ai lu avec

une profonde émotion ce beau chapitre et surtout la *Réflexion* que vous y avez jointe : j'ai
sur-le-champ pensé à vous, et je me suis demandé comment il serait possible que l'auteur
de ces lignes pût jamais donner un autre
exemple que celui de l'obéissance la plus humble
et la plus aveugle [1]. »

Nous touchons au dénouement du drame :
les péripéties se précipitent. En recevant cette
adjuration, Lamennais la repousse d'abord et
la réfute, et quelques jours après, le 12 décembre 1833, quand la déclaration exigée par
Rome lui est présentée, il la signe sans modi-
fication et sans délai. Mais en donnant à « son
Charles bien-aimé cette nouvelle inattendue »,
il ajoute qu'il n'a plus avec lui d'idées communes, qu'ils se rejoindront là-haut, il l'espère,
mais qu'ils marcheront sur la terre par deux
voies différentes.

Et comme cette façon d'annoncer sa démarche
inquiète et afflige son jeune ami, autant que
cette démarche elle-même le rassure et le satis-
fait, Lamennais est enfin réduit à avouer qu'en

---

1. Francfort, 22 novembre 1833.

signant sa déclaration, « il a laissé de côté la question de vérité, qu'il n'a plus vu dans cette triste affaire qu'une question de paix à tout prix et qu'il a regardé enfin tout ce qu'il écrivait à Rome, comme des mots en l'air qui ne le liaient ni pour le présent ni pour l'avenir ». Étrange état d'esprit et d'âme qui, d'ailleurs, ne devait pas durer! Bientôt les actes publics de Lamennais et ses écrits, *les Paroles d'un Croyant*, *les Affaires de Rome*, attestèrent qu'il ne tenait plus aucun compte ni de l'autorité du Saint-Siège ni de la doctrine chrétienne.

Il n'avait que trop raison de prédire que M. de Montalembert et lui ne suivraient plus désormais la même route. Il en coûtait encore à ce dernier d'adhérer aux décisions pontificales, précisément parce que cette adhésion devait être sincère et durable et, quoiqu'il en eût reconnu la nécessité dès le mois de novembre 1833, il la différa jusqu'au 8 décembre 1834. Mais alors elle fut sans repentir, et comme Lamennais qui avait signé l'année précédente une déclaration semblable, mais l'avait signée, nous l'avons vu, sans sincérité, « le plaignait » d'un tel acte auquel rien selon lui ne pouvait obliger

un laïque et l'attribuait à sa « mobile imagination, il en reçut cette réponse : « Je n'ai
jamais été, je n'ai jamais voulu être autre
chose que catholique et le plus catholique possible : tel vous m'avez connu en 1830 et tel
je suis encore. Vous m'aviez offert le moyen
de concilier avec cette volonté et cette base
fondamentale d'autres affections et d'autres
convictions qui étaient très puissantes, quoique
à un moindre degré, dans mon âme. C'est
pour cela que, bien avant de connaître l'iné-
puisable richesse de votre cœur, je me suis
attaché si passionnément à vos doctrines et à
votre personne. Depuis, vous en êtes arrivé à
reconnaître et à proclamer tout le contraire :
savoir que le catholicisme actuel était inconci-
liable et le deviendrait de plus en plus avec
les convictions de progrès et de liberté. J'ai
essayé aussi longtemps que possible de me
cacher à moi-même que vos actes et vos paroles
aboutissaient à cette conclusion ; mais du jour
où il ne m'a pas été possible de me faire
illusion à cet égard, j'ai dû manifester hautement, tant pour le repos de ma conscience que
pour assurer ma position aux yeux de mes

frères dans la foi, que j'étais catholique avant
tout. » La lettre continuait ainsi : « Je suivrai
maintenant de loin vos progrès dans une route
pleine de dangers, avec tout le tendre intérêt
d'un cœur de fils, croyant toujours d'une foi
invincible à l'entière pureté de votre conscience,
à l'admirable désintéressement de vos intentions.
Tout ce que vous ferez et direz de répréhensible
aux yeux des catholiques ne m'inspirera jamais
qu'une vive douleur, mêlée à une grande
confiance dans les vues de Dieu à votre égard.
Vous me regarderez toujours de votre côté
comme un fils tendre et dévoué, j'en puise la
douce assurance dans cette charmante lettre
que je viens de lire et où vous parlez le
langage du véritable amour avec cette éloquence
qui n'appartient qu'à vous [1]. »

Hélas ! cette union des cœurs dans la séparation des consciences était encore une illusion.
Lamennais et Montalembert étaient destinés à
s'éloigner de plus en plus, à devenir étrangers
l'un à l'autre, et quand Lamennais mourut,
vingt ans après, le 27 février 1854, tout avait

1. Paris, 30 janvier 1835.

creusé l'abîme ouvert entre eux ; rien n'était
venu le combler. Cette mort survint dans le
moment où M. de Montalembert voyait s'écrouler
sa vie publique et se tourner contre lui le
parti catholique qu'il avait formé. Il écrivit
alors sur le carnet qui recevait chaque jour la
confidence de ses tristesses :

« J'apprends l'horrible mort de l'abbé de
Lamennais, mort avant-hier dans l'impénitence
finale, après avoir été pendant vingt ans
infidèle à la foi qu'il avait si éloquemment
glorifiée.

» Il a été mon premier maître !

» C'est lui qui a décidé de ma vie !

» Quelle leçon !

» Quel exemple !

» Je suis frappé en tout et partout à la fois. »

II

L'entreprise de l'*Avenir*, en s'écroulant, n'a-
vait pas seulement troublé l'âme de **M.** de
Montalembert ; elle laissait un vide difficile à

combler dans sa vie. Rien n'égalait l'activité déployée par Lacordaire et lui pendant le peu de temps qu'avait duré leur première œuvre. Ce n'était pas seulement un journal qu'ils s'étaient proposés de fonder et de faire vivre en l'animant constamment de leur inextinguible flamme; à côté et à l'aide de ce journal, ils avaient institué une « agence pour la défense de la liberté religieuse ». De la sorte, ils prétendaient organiser une ligue défendant l'Église par la parole et par la plume, sur tous les champs de bataille où se débattent les droits des peuples libres : devant l'opinion, devant les tribunaux et plus tard, quand on en aurait forcé l'entrée, devant le Parlement.

Pour former cette ligue à travers la France et lui marquer une place, il fallait à la fois recruter des soldats, engager des combats. Les voyages de propagande à la recherche des nouveaux ligueurs, ou, si l'on aime mieux, des nouveaux croisés, c'était le plus souvent M. de Montalembert qui les entreprenait. Il parcourut la France entière à une époque où les distances étaient autrement longues et difficiles à franchir qu'elles ne le sont aujourd'hui. Où qu'il allât, beaucoup de portes se fermaient devant lui. Effarouchés par les témérités de l'*Avenir*, les évêques tenaient, autant qu'il dependait d'eux, leur clergé à l'écart de ce journal et de ses doctrines et parmi les laïques, la plupart des catholiques restaient fidèles à la royauté tombée, dont la nouvelle école se séparait avec éclat. Rares étaient donc les recrues qu'enrôlait le voyageur, mais combien ardentes et dévouées! « Pour savoir — écrivait-il trente ans plus tard — ce qu'il éclata alors d'enthousiasme pur et désintéressé dans les presbytères du jeune clergé et dans certains groupes de francs et nobles jeunes gens, il faut avoir vécu dans ce temps, lu dans leurs yeux, écouté leurs confidences, serré leurs mains frémissantes, contracté dans la chaleur du combat des liens que la mort seule a pu briser. »

Les procès que l'*Avenir* s'attirait par l'énergie de ses revendications, c'était Lacordaire qui les soutenait de préférence, se souvenant de son ancienne profession d'avocat, dans laquelle il avait à peine débuté, et prenant plaisir à s'exercer à la parole publique.

Parmi ces procès, il en est un digne de

mémoire, celui qui eut pour objet l'ouverture de la première école libre et que l'avènement prématuré de M. de Montalembert à la pairie fit juger par la Cour des pairs. Ce procès où les deux amis préludèrent à leurs succès oratoires était destiné, comme nous le verrons plus loin, à marquer le point de départ des revendications pour la liberté d'enseignement. Mais ces revendications ne devaient être reprises et poursuivies qu'après un délai de dix années et quand sombra l'*Avenir*, le talent et le zèle de ses rédacteurs demeura d'abord sans emploi. De leurs efforts, de leurs desseins que restait-il à leurs yeux? Rien, si ce n'est le souvenir des jours qui les avaient charmés et qu'ils désespéraient de retrouver jamais : « jours à la fois heureux et tristes, écrivait Lacordaire, jours dévorés par le travail et l'enthousiasme et comme on n'en voit qu'une fois dans la vie. »

Après un tel labeur, échouant sur de tels écueils, l'abbé Lacordaire resta quelque temps découragé et M. de Montalembert parut désorienté. Heureusement, pour les recueillir l'un et l'autre dans leur naufrage et panser leurs blessures, il se trouva une étrangère trans-

plantée de Russie en France et devenue comme
Française à la suite de sa conversion au catholicisme. Madame Swetchine, jeune encore
avait été à Pétersbourg l'élève de Joseph de
Maistre ; ayant vieilli, elle devait être à Paris
la bienfaisante conseillère de **M.** de Montalembert à son début et de Lacordaire jusqu'à
la fin de sa vie. Voici comment elle décrivait à
M. de Montalembert lui-même, sa propre situation à cette époque : « Avec l'âme la plus
haute, la plus honnête, un cristal qui est
presque un diamant, avec des mœurs irréprochables, de la foi, une piété sincère et tout
ce qu'elles entraînent de sentiments élevés,
vous n'avez ni la douce joie du cœur, ni sa
douce paix, vous êtes abattu, troublé, mécontent de vous-même. Vous vous sentez arrêté
dans votre course. » Et comme **M.** de Montalembert souffrait des accusations et des attaques
auxquelles il n'échappait pas, elle ajoutait :
« votre conduite, vos sentiments, vos talents
faisaient de vous un point de mire et c'est ce
qui fait, mon pauvre cher Saint-Sébastien, que
vous êtes en butte à tous les traits. »

Après Dieu et les amis que Dieu lui ménagea,

ce fut l'étude de l'histoire qui releva alors
M. de Montalembert. De même que les chevaliers
trahis par la fortune qui chevauchaient et cherchaient aventure à travers les pays inconnus,
il s'enfonça dans la forêt alors inexplorée du
Moyen Age et parmi les êtres qui peuplaient
cette forêt mystérieuse, il rencontra tout à coup
la dame de ses pensées, Sainte-Élisabeth de
Hongrie, morte à vingt-quatre ans depuis six
siècles. Lui-même a raconté comment s'était
fait cette rencontre, comment il avait découvert
la sainte alors oubliée en visitant le jour de
sa fête sa tombe solitaire et mutilée; comment
il avait retrouvé à demi effacés, parmi les
pierres de cette tombe, les vestiges de sa courte
carrière, avait ensuite recherché ses traces
parmi les bibliothèques et les archives de
l'Allemagne, comment il l'avait vue enfin lui
apparaître et s'était proposé de la montrer
à ses contemporains sous les traits qui avaient
charmé de siècle en siècle les générations
fidèles, type achevé de l'épouse et de la veuve,
du bonheur et du malheur chrétiens. Ce qu'il
n'a pas dit alors et ce qu'a révélé quinze ans
plus tard le *Récit d'une sœur*, c'est qu'après ses

investigations parmi les froides pierres et les parchemins poudreux, passant dans ses courses errantes du ciel voilé de l'Allemagne au ciel brillant de l'Italie, il avait eu sous les yeux, au foyer de son ami Albert de la Ferronnays, le spectacle même qu'il se proposait de représenter : d'abord l'amour dans le mariage, ensuite cet amour humain se transformant à travers les appréhensions et bientôt les désolations du veuvage et s'exhalant vers le ciel. Depuis que madame Craven nous a montré M. de Montalembert à Venise, précisément à l'époque où il préparait son livre, assistant aux courtes joies d'Albert et d'Alexandrine de la Ferronnays après leurs noces, présent ensuite au lit de mort d'Albert et trouvant jusqu'à la fin une consolation triste et douce à entretenir et contempler sa veuve dans l'austère retraite où elle s'était enfoncée, il est permis de penser qu'Alexandrine de la Ferronnays lui sembla plus d'une fois l'image visible et vivante de la chère Sainte Élisabeth et qu'il s'exerça à peindre celle-ci en regardant celle-là.

Quoi qu'il en soit, le livre surprit et charma dès qu'il parut. La sainte revivait. Sa vie

naturelle et sa vie surnaturelle étaient représentées l'une et l'autre avec une égale simpli-
cité et sincérité, dans une langue de bon aloi,
nullement infestée de néologismes, claire et
précise, bien que toujours émue et colorée, et
l'auteur s'était tellement rapproché de l'héroïne
et du temps où elle avait vécu, il avait si
bien **respiré** le même air, qu'on n'apercevait
plus **aucune** trace d'effort pour dépeindre des
mœurs si différentes des nôtres, des pensées
et des sentiments si éloignés du commun des
hommes. On ne connaissait guère, à cette
époque, de livres pieux composés par un laïque;
on n'en connaissait pas qui fût animé d'un
pareil souffle, et pour marquer l'innovation, il
me faut répéter une fois de plus le seul mot
qui me paraisse définir cette œuvre : la vie
rentrait dans l'histoire des saints. La science
historique, avec les perspectives qu'elle ouvrait
alors sur le caractère et la destinée des peuples,
la poésie, avec les lueurs qu'elle jetait tantôt
sur les aspects variés de la nature, tantôt sur
les côtés mystérieux de l'âme humaine, s'y
trouvaient introduites, en même temps que la
foi naïve et tendre cessait d'en être bannie.

Cette façon de composer et d'écrire l'histoire des saints ne devait se borner ni à sainte
Élisabeth ni à son époque. L'exemple fut suivi.
Depuis lors on a vu en quelque sorte ressus-
citer, de la poussière des peuples et des siècles
catholiques, les personnages oubliés ou mé-
connus qui les avaient honorés davantage.
Parmi les réformes dont M. de Montalembert
a eu l'initiative, la première en date, et non
la moins féconde, a été la réforme de l'hagio-
graphie ; quiconque est tant soit peu versé
dans la connaissance des lettres françaises et
des lettres chrétiennes ne le contestera pas.

III

L'histoire de sainte Élisabeth de Hongrie
était précédée d'une introduction destinée à
transporter le lecteur au siècle où elle a vécu
et qui a été la portion vraiment glorieuse du
Moyen Age.

Le Moyen Age, suivant la définition même

de **M.** de Montalembert, est le temps où la société chrétienne a été gouvernée par l'Église et la féodalité ; il a duré depuis saint Grégoire-le-Grand jusqu'à Jeanne d'Arc [1].

A considérer les transformations successives de cette société chrétienne, il semble qu'il y ait pour chaque régime sous lequel elle passe une heure choisie, où les âmes et les peuples renaissent et s'épanouissent en s'élevant. Après les ravages des invasions, après les longues et dures résistances de la barbarie à l'influence nécessaire et salutaire de l'Église, cette renaissance a eu lieu sous le régime féodal, au XIIIe siècle ; elle a marqué la période qui s'ouvre avec le pape Innocent III et se ferme avec le roi saint Louis. De même après les désordres et les déchirements qu'a fait éclater le protestantisme, une autre renaissance religieuse et sociale est survenue en France sous le régime monarchique, au début du XVIIe siècle : elle a commencé sous Henri IV et fini sous Louis XIV. Les hommes qui s'éprenaient du Moyen Age devaient donc de préférence tourner leurs regards vers le

---

1. *Les Moines d'Occident*, introduction, chap. IX : *le vrai et le faux Moyen Age*.

xiii° siècle, comme les admirateurs de la monarchie les avaient longtemps fixé sur le xvii°.
En donnant le xiii° siècle pour cadre à son
tableau, M. de Montalembert était assuré de
présenter sous leur meilleur aspect les mœurs
et les institutions qu'il voulait peindre.

Que si l'on recherche quels motifs avaient
déterminé sa prédilection pour le Moyen Age,
lui-même s'en est expliqué vers la fin de sa
carrière, en revenant aux études de sa jeunesse
et, soit qu'on recueille son témoignage, soit
qu'on examine ses œuvres, on reconnaît que
ce qui l'a d'abord incliné de ce côté, c'est son
éloignement pour « l'ancien régime », comme
s'est appelé le régime qui a précédé immédiatement la Révolution française : c'est l'aversion
qu'il a éprouvée pour la monarchie absolue,
sans trop distinguer entre la grandeur et la
décadence de la société monarchique. L'alliance de l'Église avec la royauté, qu'il avait
vu tenter une dernière fois, lui avait paru
funeste à l'Église; il avait voulu la répudier
et, comme tout système politique ou social a
besoin d'antécédents et de traditions, comme
ce besoin est plus particulièrement senti par

une âme catholique, il avait reculé au delà de l'époque où le pouvoir royal avait prévalu pour rencontrer des souvenirs à opposer à « l'ancien régime ». Une fois transporté dans cette société lointaine, il l'avait trouvée, en effet, marquée des trois caractères les plus propres à l'attacher : la foi, la jeunesse et la liberté. C'était le temps où toute lumière et tout progrès, tout ce qui était bon et tout ce qui était beau, procédaient manifestement de la foi chrétienne ; où cette foi avait à façonner des âmes souvent grossières ou rebelles, mais jamais languissantes, des âmes neuves et des peuples jeunes ; où cette jeunesse, enfin, exposée à la violence et au désordre, mais exempte de la contrainte uniforme et continue, se déployait librement. Voilà ce que M. de Montalembert a admiré dans le Moyen Age et ce qui a voilé à ses yeux les deux grandes misères du régime féodal : le défaut de sécurité et l'excès d'iné-galité.

Pour pénétrer et pour peindre une telle société, il était remonté aux sources ; comme tous les hommes qui renouvelaient alors les études historiques, il avait remis en lumière les documents originaux, mais avec une allure et un accent militants qui lui étaient propres : il marchait à la découverte et à la réhabilitation du Moyen Age, comme à une conquête, et déjà, dans l'historien, on pouvait démêler l'homme d'action. Aussi bien que le ton du discours, le procédé de composition différait de la manière des maîtres qui florissaient alors. Après avoir rapidement tracé les lignes principales du tableau, il groupait autour de ces lignes, il accumulait dans chaque compartiment les faits amassés de toutes parts au moyen d'ardentes et précises recherches, il les mettait en relief par la vigueur du coloris et multipliait ainsi les traits propres à donner au lecteur l'impression qu'il s'était proposé de produire. Ce qu'il étudiait dans l'histoire, c'était beaucoup moins la suite logique des événements que leur caractère moral, excellant également à glorifier et à stigmatiser, et jouant avant tout, vis-à-vis des générations disparues, le rôle de justicier.

Au surplus, ce n'était pas seulement l'histoire, c'était aussi l'art du Moyen Age qu'il travaillait à exhumer. Il s'était épris des mo-

numents longtemps méprisés de cette époque ; il
avait entrepris de les disputer aux vandales, soit
à ceux qui les détruisaient, soit à ceux qui les tra-
vestissaient en les réparant. Ces vandales, il les
dénonçait et les traquait partout où il les rencontrait : dans le gouvernement, dans les munici-
palités, dans le clergé et parmi les propriétaires.

Dans ce domaine encore, le xiiie siècle restait
l'objet de sa prédilection. L'architecture ogi-
vale, telle qu'il l'avait rencontrée sur la tombe
de sainte Élisabeth à Marbourg, et vue s'épa-
nouir dans le chœur de la cathédrale de Cologne, sous les voûtes d'Amiens et de Bourges,
aux portails de Paris, de Chartres et de Reims,
demeurait sans rivale à ses yeux.

A cette campagne, engagée pour sauver
des édifices menacés et remettre en honneur
un art méconnu, s'associaient d'autres champions. En Allemagne, Gœrrès et les frères Bois-
sérée avaient précédé M. de Montalembert. En
France, une école fatiguée, en architecture aussi
bien qu'en littérature, des formes classiques
du xviie siècle, estimant le génie classique
épuisé, cherchant du nouveau, « n'en fût-il
plus au monde », et comme elle désespérait

4.

d'en inventer, du moins en architecture, demandant cette nouveauté à des siècles plus lointains, l' « école romantique », soutenait la même cause. Encore que la plupart des écrivains de cette école ne partageassent point sa foi, M. de Montalembert se gardait de repousser leur concours. C'est à Victor Hugo, qui venait de publier son roman de *Notre-Dame de Paris*, qu'il adressait ses lettres sur le vandalisme. C'est de concert avec Mérimée (M. Vallery-Radot le constatait naguère dans son agréable *Promenade en Bourgogne*) qu'il préservait du marteau des démolisseurs un édifice imposant par ses souvenirs, autant que magnifique en ses proportions : l'église de Vezelay.

Mais, en s'associant aux « romantiques », il prenait soin de marquer la distance qui le séparait du plus grand nombre. « Nous autres, catholiques, — écrivait-il à Victor Hugo, — nous avons un motif de plus que vous pour nous indigner. C'est que nous allons adorer et prier là où vous n'allez que rêver et admirer. C'est qu'il nous est permis et presque commandé de voir dans cette croix allongée, que reproduit le plan de presque toutes les églises an-

ciennes, la croix sur laquelle mourut le Sauveur… ; dans ces vitraux qui interceptent, en
les tempérant, les rayons du jour, une image
des saintes pensées qui peuvent seules inter-
cepter et adoucir les ennuis trop perçants de
la vie; dans l'éclatante lumière concentrée sur
le sanctuaire, une lueur de la gloire céleste… ;
dans le mouvement unanime et altier de toutes
ces pierres vers le ciel, un élancement de l'âme
affranchie vers son Créateur. » De cette différence dans la source de l'inspiration a découlé
une différence notable dans sa fécondité et sa
durée. Tandis que, parmi les lettrés, le goût
romantique passait à peu près comme une
mode éphémère, le style gothique adopté parmi
les catholiques comme le style religieux par
excellence, avait reparu pour se perpétuer.
Les églises du Moyen Age n'étaient pas seulement conservées et restaurées, elles étaient
imitées; il poussait de tous côtés, sur la terre
de France, des sanctuaires pareils à ceux qu'a-
vait enfantés la jeunesse de la foi, et cette
transformation, cette renaissance, ne s'arrêtait
pas aux seuls édifices; peu à peu elle s'étendait
à tous les objets destinés au culte, depuis les

vases sacrés et les vêtements des prêtres jusqu'aux images pieuses distribuées parmi les
fidèles.

On a reproché à M. de Montalembert son
amour excessif et exclusif de l'art gothique.
Comme il arrive à tout réformateur quand il
vit assez pour voir s'égarer et descendre, en se
propageant, le mouvement qu'il a inauguré,
lui-même, à l'aspect des fausses, maladroites
ou puériles copies de son cher Moyen Age, a
plus d'une fois gémi. Dans un article consacré
à la mémoire de Charles Lenormant, ferme
champion de l'art classique en même temps
que vaillant défenseur de la cause catholique,
il écrivait en 1861 : « Même sur les questions
d'art, nous avions fini par être à peu près
d'accord. S'était-il plus rapproché de moi ou
bien était-ce moi qui avais fait le plus de
chemin vers lui? Je ne saurais trop le dire. »
Au fond sans contester que la religion ait pu
inspirer l'art et l'ait inspiré en d'autre temps,
sous d'autres formes qu'au Moyen Age, il est
certain, d'un côté, qu'un art religieux a fleuri
durant cette période et, de l'autre, qu'aucun art
religieux ne subsistait à l'époque où a paru

M. de Montalembert. Que l'on compare donc ce qui a été construit, sculpté, ciselé, peint, dessiné ou tissé immédiatement avant lui et ce qui l'a été après : on reconnaîtra que si la réforme dont il a donné parmi nous le signal n'a pas produit d'œuvre originale, elle a été loin d'être stérile ; elle a contribué non seulement à la piété, mais plus encore à la beauté de la France.

Voilà donc ce qu'avant d'atteindre trente ans, avait fait M. de Montalembert ; il avait renouvelé dans son pays la littérature et l'art religieux. Il devait bientôt après inaugurer une politique religieuse.

Mais auparavant, il fixa son propre sort, il se maria. La jeune fille qu'il épousa, le 16 août 1836, Anne Henriette Ghislaine de Merode, descendait par son père de sainte Élisabeth et par sa mère, d'une des plus pures et des plus vénérables victimes de la révolution : la duchesse d'Ayen. Elle vivait entre son aïeul maternel, le marquis de Grammont, beau-frère du général La Fayette, dont il partageait les sentiments politiques, et son père, le comte Félix de Merode, un des fondateurs de l'indé-

pendance et de la liberté de la Belgique, en qui l'on s'étonnait alors de trouver la foi antique et les traditions d'une race illustre unies aux idées modernes. En apportant à M. de Montalembert ce qui avait trop manqué à sa jeunesse, la joie, la chaleur et le charme du foyer, ce mariage achevait donc de le préparer à sa carrière publique. Pourtant, par une contradiction fréquente dans cette carrière traversée, il parut quelque temps l'en écarter. Pair héréditaire, M. de Montalembert venait d'atteindre l'âge où il pouvait prendre part aux délibérations de la Chambre à laquelle il appartenait; devant cette Chambre la question qui devait l'occuper de préférence, la question de l'enseignement était posée, quand la santé ébranlée de sa jeune femme réclama un climat plus doux que celui de l'Europe. Il la conduisit dans l'île de Madère. Ce fut de ce rocher jeté au milieu de l'Océan, qu'il lança sous ce titre : *Du devoir des catholiques dans la question de la liberté de l'enseignement*, le manifeste appelant les catholiques de France au combat contre le monopole universitaire. Quand le débat s'ouvrit au Parlement, la santé de madame de Montalembert, quoique améliorée, la retenait encore dans l'île lointaine. Mais elle-même poussa généreusement son mari à revenir à son poste; il y revint, il put aborder la tribune; après avoir de loin sonné la charge, il lui fut donné d'engager et de conduire l'action sur le champ de bataille.

CHAPITRE III

LA CHAMBRE DES PAIRS — LES PREMIERS DISCOUR
LA LIBERTÉ D'ENSEIGNEMENT

La conquête de la liberté de l'enseignement a été entreprise à l'époque où paraissait l'*Avenir* et par les hommes qui faisaient paraître ce journal.

La Charte de 1830 venait de promettre « une loi devant pourvoir dans le plus bref délai possible à l'instruction publique et à la liberté d'enseignement ». Mais en attendant cette loi, l'Université ne se dessaisissait pas de son monopole, loin de là : les écoles d'enfants de chœur que les curés de Lyon avaient jusqu'alors entretenues sans être inquiétés, venaient d'être fermées par ordre du ministre de l'Instruction publique. Dans le numéro de l'*Avenir* où il dénonçait cette mesure, Lacordaire, estimant que « la liberté se prend », déclara qu'avant un mois il ouvrirait à Paris même, en vertu de la Charte, une école sans autorisation, et qu'entre lui et l'Université les tribunaux prononceraient. L'école s'ouvrit en effet le 9 mai 1831, dans une chambre louée par Lacordaire, rue des Beaux-arts, n° 5. Selon l'annonce publiée par l'*Avenir*, on y devait enseigner « les éléments de la religion, du français, du latin, du grec et du calcul », et son directeur, l'abbé Lacordaire, assisté par le vicomte Charles de Montalembert et un autre rédacteur de l'*Avenir*, **M.** de Coux, avait **réuni** une vingtaine d'enfants, lorsque le lendemain, un commissaire de police, en vertu d'une ordonnance du juge d'instruction, les expulsa, ferma la classe, apposa les scellés sur la porte et cita les trois maîtres d'école à comparaître en police correctionnelle. Tandis que le procès se poursuivait, la mort du comte de Montalembert investit tout à coup son fils de la pairie et le rendit justiciable de la Cour des pairs. Ses deux complices y furent traduits avec lui et de la sorte la question de la liberté d'enseignement se trouva juridiquement portée devant un corps politique, qui était en même temps le tribunal le plus élevé de France. Ce fut donc à titre d'accusé qu'à vingt et un ans, le 19 septembre 1831, il fut donné à M. de Montalembert d'élever une voix encore « jeune et inconnue dans une enceinte » où cette voix devait retentir plus tard avec tant d'éclat, de « débattre une question de vie ou de mort pour vingt-cinq millions de ses corréligionnaires » et de déclarer qu'à la défense de sa foi religieuse « il avait donné son cœur et sa vie », en ajoutant : « Une vie d'homme, c'est, aujourd'hui surtout, bien peu de chose; mais ce peu de chose, consacré à une grande et sainte cause, peut grandir avec elle[1]. »

Les pairs l'écoutèrent, d'abord avec une surprise mêlée de quelque dédain, bientôt avec plus d'attrait pour sa personne que d'intérêt pour sa cause. Ils « souriaient, — a-t-on pu dire, en recueillant les souvenirs de l'un des plus considérables, — à cette éloquence pleine de verdeur, comme un aïeul à la vivacité géné-

_____
1. *Discours*, t. Ier, pp. 4, 5, 6.

reuse et mutine du dernier enfant de sa race[1] ».
Mais ils étaient loin de soupçonner l'impor-
tance du débat soulevé devant eux. Et qui la
soupçonnait alors ? Madame Swetchine avait
beau « s'identifier », selon son expression, « avec
une sollicitude toute maternelle » à M. de Montalembert, ne lui écrivait-elle pas : « Vous voilà
entre votre procès et votre examen de licencié
en droit : deux âges d'homme qui devraient
être distincts. Rien de tout cela n'aura grande
action sur vous, ni comme succès, ni comme
revers[2] ? »

Les vieux pairs et madame Swetchine se
trompaient. Le procès de l'école libre inaugurait la lutte, où devait s'employer la vie de
M. de Montalembert et de laquelle dépendaient
le sort de l'Église et la foi des générations
nouvelles en France. Mais à peine engagée, cette
lutte se trouva interrompue par le naufrage
de l'*Avenir* et plus de dix ans s'écoulèrent avant
qu'elle fût reprise.

La Cour des pairs, en frappant d'une peine

1. Discours de réception du prince de Broglie, succédant au
Père Lacordaire à l'Académie française.

2. *Comte de Falloux*, madame Swetchine, t. I, p. 347.

d'ailleurs insignifiante, de cent francs d'amende,
les hommes ayant ouvert une école sans autorisation, avait constaté par une sentence irré-
fragable qu'en dépit de la Charte de 1830,
l'enseignement n'était pas encore libre en
France et, d'autre part, qui pouvait contester
que pour maintenir et perpétuer la doctrine
catholique, l'Église avait besoin de donner un
enseignement qui ne dépendît pas de l'Université ? Néanmoins, sur le terrain de combat où
ils s'étaient avancés, les hardis volontaires de
l'Avenir marchaient seuls. C'est pourquoi leur
échec était inévitable. Ni la hiérarchie ecclésiastique n'était encore disposée à revendiquer
l'indépendance de l'Église et de ses œuvres au
nom et au moyen des libertés modernes, ni la
société laïque ne se souciait d'une liberté pro-
fitable avant tout à l'Église. La campagne ne
put se poursuivre que le jour où, d'une part,
l'épiscopat français fit de la cause de la liberté
d'enseignement sa cause, la cause même de
l'Église, et où, d'autre part, pour soutenir la
cause de l'Église, une ligue ou, comme on
l'appela, un « parti catholique » se forma parmi
les laïques français.

Depuis la révolution de Juillet, l'épiscopat ne comptait plus sur le pouvoir; les évèques choisis par la dynastie tombée, parmi les familles fidèles à sa cause, n'avaient pas brisé avec le gouvernement nouveau, mais ils ne l'abordaient qu'avec méfiance et comme par contrainte, et ceux mêmes que ce gouvernement avait désignés cherchaient ailleurs un point d'appui. Les doctrines professées par plusieurs membres de l'Université, dans leurs cours et dans leurs livres, leur étaient publiquement dénoncés, parfois même, non sans violence et sans acrimonie. Mais en retranchant de ces dénonciations ce qui dépassait la mesure et l'équité, il en restait assez pour éveiller leur sollicitude pastorale. Comment, d'ailleurs, n'auraient-ils pas jugé l'arbre à ses fruits? Comment ne se seraient-ils pas demandé avec effroi combien de jeunes gens sortaient chrétiens des collèges de l'État ? La Restauration avait tenté de réformer l'université sans la dépouiller de son monopole, d'y introduire la religion en plaçant un évêque à sa tête. La tentative avait tristement échoué et ne pouvait, en aucune façon, se renouveler après 1830. Dès lors, pour

disputer à l'incroyance la jeunesse lettrée,
quelle ressource restait-il, sinon la liberté?

Voilà comment, à cette époque où la société
tout entière était en quête de liberté, où chaque
profession, chaque opinion recherchait celle qui
lui convenait davantage, les évêques avisèrent
un terrain, jusqu'alors délaissé, et revendiquè-
rent pour leur part la liberté d'enseigner. Au
fond, cette liberté avait deux titres à leur
prédilection. En droit, elle a sa raison d'être
dans l'autorité du père sur ses enfants. La
réclamer, c'était opposer à la puissance de l'État
une puissance antérieure et, à certains égards,
supérieure et plus divine : la puissance paternelle. En fait, pour la pratiquer avec succès, il
est besoin d'hommes qui sachent se dévouer.
Veut-on piquer dans un journal la curiosité
publique? L'audace ou l'esprit suffisent. Attirer
le peuple dans un club et l'émouvoir? Il n'est
besoin que d'y porter les passions populaires.
Mais pour enseigner, c'est-à-dire pour prodiguer
à des enfants ce qu'on a et ce qu'on vaut, pour
mettre dans leurs progrès et leurs succès son ambition, sans être retenu par le prestige et les avantages attachés en France aux positions officielles,

il faut plus que de l'esprit, de l'audace et de
la passion, il faut du dévouement. Une liberté
qui dérivait en principe de l'autorité paternelle
et dans son exercice avait pour garantie le dévouement, convenait particulièrement à l'Église ;
elle servit comme d'appât pour attirer l'Église
sur le terrain libéral ; le clergé découvrit dans
le droit commun des ressources que ne lui
offrait plus le privilège. L'archevêque de Paris [1]
demanda la liberté pour le clergé comme pour
les autres citoyens, « estimant qu'on ne pouvait
lui donner rien de si précieux [2] ». Le cardinal
de Bonald, archevêque de Lyon, mettant en
avant une formule qui devait être ensuite souvent employée, réclama la « liberté d'enseignement comme en Belgique [3] ».

Parmi les confrères de ces prélats, la plupart
confirmèrent de telles paroles ; aucun ne les
contredit. Cependant toutes les libertés se tiennent. Pour revendiquer comme un droit civi-
que la liberté d'enseignement, il fallait accepter

1. Monseigneur Affre.

2. Lettre au comte de Montalembert, 25 février 1841. Montalembert, *Œuvres complètes*, t. I. p. 270.

3. Lettre à M. Villemain, ministre de l'Instruction publique,
5 mars 1841.

la liberté des cultes et des doctrines; pour la
conquérir, user de la liberté de la presse et de
la tribune; pour l'exercer, obtenir la liberté
d'association. Les évèques ne reculèrent pas
devant ces conséquences du parti qu'ils avaient
embrassé. L'un d'eux même, l'évêque de Lan-
gres, dans une série d'écrits publiés sous le
titre significatif de *Cas de conscience*, prit soin
d'établir un accord entre ces libertés nécessaires
et l'enseignement de l'Église, de mettre en
relief les circonstances et les conditions qui
les rendaient compatibles avec les décisions
du Saint-Siège et conclut, en déclarant « les
institutions libérales, malgré leurs abus, les
meilleures et pour l'État et pour l'Église ».

Ce qui d'abord coûta le plus aux évêques, ce
fut de recourir à la publicité des journaux, de
livrer à cette publicité profane leurs requêtes
et leurs doléances. M. de Montalembert eut
quelque peine à les y décider; ils le firent
néanmoins; ils consacrèrent au service de
l'antique Église toutes les armes en usage dans
les combats modernes et, au nom du clergé,
il fut permis de dire à la société politique qui
se prévalait des principes de 89 : « Vous avez

fait la **Révolution** de 89 sans nous et contre nous, mais pour nous, Dieu le voulant ainsi malgré vous. » Le prêtre qui écrivait en 1845 ces fortes paroles était celui qui, treize ans auparavant, avait souhaité et poursuivi davantage la **condamnation** de l'*Avenir* : c'était l'abbé Dupanloup.

Ainsi se vérifiait avec éclat ce qu'avait discerné Lacordaire, ce qu'avait entrevu, à travers ses angoisses et ses déchirements, M. de Montalembert, lorsqu'il exhortait Lamennais à se soumettre et lui annonçait que cette résignation chrétienne, en les dégageant des erreurs où ils avaient pu tomber, deviendrait la sanction de leurs idées, dans la mesure où ces idées étaient vraies. **Par** un heureux pressentiment, les deux amis **avaient** dès lors inauguré leur vie publique en revendiquant la liberté d'enseignement, revendication qu'il leur avait été permis de maintenir, tandis qu'ils renonçaient à d'autres thèses. **Après** l'avoir portée à la barre de la Cour des pairs, en 1831, M. de Montalembert l'avait à plusieurs reprises, de 1839 à 1842, renouvelée du haut de la tribune, non qu'il espérât alors gagner sa cause, mais pour interrompre la prescription. Et voilà qu'en 1844, treize ans après le procès de l'école libre, il voyait pour cette cause, objet de son premier effort, l'Église de France se lever et s'armer tout entière.

II

C'était beaucoup sans doute, ce n'était pas encore assez pour remporter l'avantage. A cette levée de boucliers dans le clergé, il fallait le concours d'une armée laïque. Si l'Église n'avait pas réclamé elle-même, en vertu du droit commun, sa liberté, nul n'aurait eu qualité pour le faire à sa place ; si elle avait été seule à la réclamer, elle ne l'aurait pas obtenue.

Les Français veulent le prêtre à l'écart des mêlées humaines : soit méfiance, soit respect, c'est chez eux une disposition ancienne et constante. Cette disposition était alors singulièrement exaspérée par les luttes qui avaient abouti à la révolution de Juillet. En s'alliant ensemble, le trône et l'autel s'étaient exposés à une commune attaque ; et si l'autel n'avait pas croulé

avec le vieux trône, les prêtres avaient été réduits
à refermer sur eux les portes du temple, à se
réfugier au fond du sanctuaire. Après les désordres et les violences des premiers jours, une
sorte de trêve avait paru s'établir, sous les
auspices du gouvernement nouveau : la religion
avait pu garder quelque place dans la vie privée
des Français, mais à condition de n'en tenir
aucune dans leur vie publique. Aussi, quand
les évêques, sortant comme d'un lieu d'asile,
vinrent à la porte du Parlement réclamer contre
une institution d'État, le gouvernement s'étonna
et s'alarma. A ses yeux, en poursuivant une
liberté qu'elle ne devait ni ne pouvait obtenir,
l'Église compromettait la sécurité qu'il était
parvenu à lui procurer.

Le roi Louis-Philippe manifestait à tout
propos cette inquiétude. Il en entretint lon-
guement M. de Montalembert, lorsque celui-
ci, arrivant de Madère pour soutenir la lutte
engagée par les évêques, se présenta un soir
aux Tuileries : « Nous sommes dans une très
mauvaise position et vous venez pour l'empirer, »
lui dit-il sur un ton d'ailleurs confiant et cordial. « Moi, je suis le grand *placateur*... Vous

n'avez pas vu les églises fermées comme moi.
Oui, l'athéisme va prendre le dessus, il est
vrai qu'il faudra qu'il me passe sur le corps...
J'ai dit tout cela à M. Affre ; mais les évêques
parlent de leur mission, de leur devoir et ils
ne m'écoutent pas... Voyez ces trois députés,
(montrant dans un coin du salon M. Havin
et deux de ses collègues,) cela est acharné, cela
veut manger du prêtre. Vous ne savez pas
tout ce qu'ils préparent. Dans huit jours peut-
être, ils vont proposer... la suppression du
traitement du clergé. L'exaspération est au
comble, avec ce mot de jésuite on lancerait
toute la nation contre vous [1]. »

L'étonnement et le mécontentement étaient
grands, en effet, dans la partie de la nation qui
était seule représentée au Parlement et que
la monarchie de Juillet considérait volontiers
comme la nation entière. En reparaissant debout
et vivant, le clergé avait réveillé contre lui, à la
fois, les méfiances gallicanes et les animosités
voltairiennes, deux préjugés, deux passions,
qu'un légiste, organe accrédité de la bourgeoi-

____

1. Carnet de M. de Montalembert, 1844, 20 mars.

sie, **M. Dupin**, venait de porter ensemble à la tribune des députés. Avec l'assentiment presque unanime de la Chambre, il avait excité le gouvernement à poursuivre les évêques et les prêtres qui osaient réclamer la liberté. Contre eux, avait-il dit, « soyez implacable ».

Il était une chose que ne soupçonnaient ni **M. Dupin** ni ses collègues, lorsqu'ils poussaient de la sorte à une guerre qu'ils voulaient sans merci et croyaient sans péril ; c'est que l'Église, sur le terrain nouveau où elle se disposait à combattre, n'était plus seule. Une milice laïque s'armait pour la défendre. M. de Montalembert, en reparaissant à la tribune de la Chambre des pairs, l'annonça : « Il s'est levé parmi vous une génération d'hommes que vous ne connaissez pas. Qu'on les appelle néo-catholiques, ultramontains, sacristains, comme on voudra, le nom n'y fait rien, la chose existe. Nous ne sommes ni des conspirateurs, ni des complaisants : on ne nous trouve ni dans les émeutes, ni dans les antichambres. Nés et élevés au sein de la liberté, des institutions représentatives et constitutionnelles, nous y avons trempé notre âme pour toujours. On nous dit :

Mais la liberté n'est pas pour vous, elle est contre vous ; ce n'est pas vous qui l'avez faite. Il est vrai que la liberté n'est pas notre œuvre, mais elle est notre propriété ; et qui oserait nous l'enlever ? A ceux qui nous tiennent ce langage, nous répondrons : Mais vous, avez-vous fait le soleil ? Cependant vous en jouissez. Avez-vous fait la France ? Cependant vous êtes fiers d'y vivre [1] ».

Cette façon de parler était neuve, assurément, à la tribune française et ce qui paraissait plus surprenant encore que l'éloquence de l'orateur, c'était le drapeau qu'il arborait.

Depuis la Ligue il ne s'était plus formé de parti catholique en France. Durant les querelles de la Restauration, l'Église, protégée par la royauté légitime, avait eu mêmes ennemis, mêmes défenseurs, et cette royauté étant tombée, c'était encore parmi les familles fidèles à sa cause, que se rencontraient la plupart des catholiques affichés et avérés, la plupart des pères soucieux de transmettre leur foi religieuse à leurs enfants. Ces familles, avant d'autres, avaient

____

1. 16 avril 1844. — *OEuvres complètes*, t. I, p. 373.

intérêt à la liberté d'enseignement. Faute de la
posséder, il leur fallait, soit garder leurs fils à
l'ombre de leurs foyers sans éducation publique, soit les envoyer en Suisse, en Belgique,
chez des maîtres à qui il était interdit d'enseigner en France, les élever à l'écart de
leurs contemporains ou de leurs compatriotes.
Mais cette liberté dont les légitimistes devaient
profiter les premiers, étaient-ils alors en mesure
de la revendiquer? La révolution de Juillet
les avait bannis presque tous de la vie publique
et d'ailleurs, en faisant cause commune, l'Église
et la légitimité s'étaient portées préjudice l'une
à l'autre.

Il importait donc que les deux causes parus-
sent désormais séparées; pour que la société
nouvelle fît place à l'Église, il convenait que
l'Église se présentât devant elle avec une autre
escorte que les partisans du vieux droit. Personne n'en était aussi persuadé que M. de
Montalembert. Au début de sa jeunesse, sa
répulsion pour l'alliance du trône et de l'autel
l'avait jeté dans l'école de l'*Avenir* et les exagérations où s'emportait cette école. Il en
était revenu, mais pour se rattacher au gou-

vernement de Juillet. C'était le pape **Gré-**
goire XVI qui, le revoyant à Rome en 1837,
cinq ans après la condamnation de l'*Avenir* et,
s'ouvrant à lui avec une paternelle confiance,
l'avait incliné davantage vers la monarchie
nouvelle : « Je suis très content de Louis-
Philippe, — lui avait-il dit, — je voudrais que
tous les rois de l'Europe lui ressemblassent. »
La satisfaction du pontife était motivée particulièrement par la déférence que lui témoignait
le prince dans le choix des évêques. **M.** de
Montalembert en savait quelque chose : peu de
temps auparavant, il était intervenu avec un
plein succès auprès du roi, pour écarter du
siège de Dijon un prélat, suspect **aux meilleurs**
prêtres et aux meilleurs fidèles du diocèse, et
lui substituer un prélat digne à tous égards
de leur confiance. En dehors de la tribune,
ce service est un des premiers qu'il ait rendu
au clergé de France. Il s'éleva encore une ou
deux difficultés de ce genre, mais qui furent
promptement résolues ; le pli était pris, le
gouvernement de Juillet se détermina pour
l'épiscopat à des choix irréprochables. **M.** de
Montalembert lui en suggéra plusieurs, notam-

ment l'élévation sur le siège de Paris de
M. Affre.

Ce n'était donc pas en ennemi de ce gouvernement que M. de Montalembert attaquait
le monopole universitaire; c'était au contraire
en ami, jaloux de faire tomber les griefs de
l'Église et, sans la rendre solidaire du pouvoir,
soucieux de la dégager de toute attache avec ses
ennemis. Une telle attitude n'était pas propre à
le rapprocher des légitimistes ; il les froissa à
plusieurs reprises, en marquant la distance qui
le séparait d'eux, et se vit en butte aux attaques
de leurs journaux. Pourtant, une fois la guerre
engagée par d'autres chefs et sous d'autres éten-
dards que le sien, le parti légitimiste la soutint;
il fournit « à l'indépendance de l'Église les plus
éloquents, les plus intrépides, les plus glorieux
champions » : M. de Montalembert l'a reconnu
plus tard après les avoir menés au combat.
Mais au début de la campagne, c'est ailleurs
qu'il cherchait de préférence des soldats. Jeune
lui-même, il appelait à la défense d'une cause
immortelle la jeunesse libérale et lettrée, que
n'avaient pas encore enrôlée les vieux partis,
et cet appel trouvait écho.

A la grande surprise des sceptiques, la révolution de Juillet avait déterminé un réveil religieux parmi cette jeunesse. Dégagée de l'appui du pouvoir, l'Église n'effarouchait plus son ombrageuse indépendance ; menacée de persécution, elle intéressait sa générosité. D'ailleurs pour les vainqueurs comme pour les vaincus, pour les acteurs et pour les spectateurs, les révolutions sont fertiles en mécomptes ; en ce qu'elles élèvent et en ce qu'elles renversent se manifeste également la vanité des choses humaines. « Le XVIIIe siècle a eu le plaisir de l'incrédulité, nous en avons la peine, nous en sentons le vide », écrivait en 1834, le principal rédacteur du *Journal des Débats*, M. de Saci ; « nous levons les yeux en haut, nous y cherchons une lumière éteinte, nous regrettons de ne plus la voir briller ». Parmi les jeunes gens, observait Tocqueville à la même date, « plusieurs croient, tous voudraient croire ». Se pourrait-il « que la France fût catholique, » se demandait Sainte-Beuve en 1843, « par impuissance d'être autre chose [1] » ?

____

1. J'emprunte ces citations au livre de M. Thureau-Dangin, *l'Église et la Monarchie de Juillet*.

Les âmes alors étaient désenchantées sans être
encore alanguies; c'est pourquoi elles aspiraient
à la foi chrétienne et, parties souvent des
points les plus éloignés de l'horizon, les meilleures y parvenaient. Ainsi se rassemblaient,
sous les voûtes longtemps solitaires de Notre-
Dame, cette foule d'étudiants étonnés de s'y
rencontrer; la parole du Père Lacordaire les
avait ramenés vers la chaire ; la parole du Père
de Ravignan les y retenait et bientôt les poussait jusqu'au pied de l'autel, à la communion
pascale. Ainsi se formait, autour de l'un d'entre
eux, leur modèle et leur gloire, Ozanam, la
société de Saint-Vincent de Paul.

A ce réveil religieux, M. de Montalembert
donnait une portée, assignait un résultat, dans
l'ordre civil. A cette génération où se rallumait
la foi, il proposait une croisade. Avant d'engager l'action, il avait organisé l'armée, tâche
laborieuse et trop souvent rebutante, tant
les catholiques étaient alors déshabitués des
combats de la vie publique. De bons esprits
redoutaient pour la religion elle-même la for-
mation d'un parti catholique : la religion, pen-
saient-ils, est supérieure aux partis, elle doit

les dominer tous et ne s'enfermer dans aucun;
la servir avec les armes et les procédés des
partis, c'est la rabaisser et la rétrécir, c'est
provoquer contre elle les représailles. Plus
d'un évêque enfin s'effarouchait de l'intervention des laïques dans les affaires de l'Église.

M. de Montalembert surmonta tous ces
obstacles. Pour lever des soldats parmi ses
coréligionnaires, pour les aguerrir et les préparer aux batailles rangées, il avait retrouvé,
mûrie mais non refroidie, l'activité qu'il dépensait jadis à recruter une troupe de partisans
pour les expéditions aventureuses de l'*Avenir*.
Voyages, entretiens, correspondances, sollicitations et objurgations, remontrances, encou-
ragements et applaudissements, il n'avait rien
épargné; son séjour même à Madère, loin de
l'Europe, n'avait pas interrompu sa propagande.

Aux objections que soulevait la nouveauté
d'un parti catholique, il opposait l'Irlande et
la Belgique : l'Irlande, la première nation malheureuse dont s'était épris sa jeunesse, la Belgique, que son mariage lui faisait envisager
comme une seconde patrie. L'une et l'autre
venaient d'affranchir leur foi par les moyens

qu'il proposait d'imiter en France. Au surplus,
il ne s'agissait pas à proprement parler d'instituer en France un parti de plus, mais de former,
entre les chrétiens appartenant à des partis
divers, une ligue pour un objet déterminé.

Ainsi entendue, l'organisation militante, que
préconisait M. de Montalembert, ne devait plus
offusquer les esprits politiques, et quant aux
ombrages qu'excitait parmi les évêques le concours des simples fidèles, la cour de Rome les
dissipa. Le nonce Fornari alla jusqu'à déclarer
qu'à ce moment il appartenait aux laïques de
sauver l'Église. En conséquence, pour provoquer des pétitions, pour préparer des élections, pour agiter enfin l'opinion, des comités
se réunirent, des journaux se publièrent, sur
divers points du territoire. A Paris s'établit le
comité central, que M. de Montalembert anima
de son souffle, et parut le journal *l'Univers*,
qu'un maître en l'art d'écrire, son principal
rédacteur, Louis Veuillot, rendit bientôt redoutable. Redoutable pour les adversaires et parfois même inquiétant pour les amis de sa cause.
Dès cette époque, les plus dévoués champions de
l'Église, le Père Lacordaire, le Père Ravignan

s'alarmèrent des périls que risquaient de susciter les hardiesses provocantes de l'*Univers*; d'accord avec M. de Montalembert, ils tentèrent de contrôler et de contenir ses polémiques : mais en vain, M. Veuillot n'était pas homme à se laisser brider. D'ailleurs, cet audacieux et vigoureux athlète ne donnait alors prise contre lui que par l'emportement du langage ; sur les idées, nul désaccord ne se manifestait encore. On se vantait à l'*Univers* de crier : « Vive la liberté des cultes, vive la liberté de la presse, vive la liberté des associations, vive la Charte! » On ajoutait : « La vérité a des droits, elle veut en jouir et elle se sent si forte avec des droits qu'elle en fait part, sans répugnance et sans crainte, à ses plus ardents ennemis [1]. »

Autour de M. de Montalembert, se serrait ainsi au service de l'Église, une phalange peu nombreuse encore, mais vaillante et munie d'armes nouvelles. Seulement, cette phalange n'avait pas encore accès sur le champ de bataille où devait se trancher le débat, au Parlement. Quand M. de Montalembert monta à la tribune de la Chambre des pairs, en 1844, il se vit seul

_____
1. Numéros du 21 janvier 1845 et du 10 juillet 1846.

contre tous ; à peine parvint-il à rallier à sa
cause trois ou quatre de ses collègues et, dans
la Chambre des députés, compta-t-il un ou deux
associés. Il adopta vers cette époque une devise
qu'il devait garder jusqu'à la fin : *Ni espoir,
ni peur*, et c'était, en effet, un trait rare et
saillant de son caractère, qu'il se sentait constamment en disposition d'agir sans augurer le
succès ; hardi dans ses démarches, pessimiste
en ses prévisions. Il avait besoin d'être trempé
de la sorte ; car, « toujours écouté, mais toujours contredit, arrachant quelquefois des applaudissements et jamais un vote à la majorité
de ses collègues, il était destiné à soutenir
la lutte la plus brillante, quoique en apparence la plus ingrate et en tout cas la plus infa-
tigable, qui puisse être consignée dans les
annales parlementaires [1]. »

III

La discussion eut pour prélude, le 16 avril
1844, le discours que nous avons rappelé plus

1. Comte de Falloux, *le Parti catholique*.

haut et qui fut qualifié par les adversaires de
« manifeste ». Elle s'engagea ensuite au sujet
d'un projet de loi sur l'enseignement secondaire, présenté par M. Villemain ministre de
l'Instruction publique. Selon le gouvernement,
ce projet était destiné à « satisfaire au vœu de
la Charte pour la liberté d'enseignement, en
maintenant l'autorité et l'action de l'État sur
l'éducation publique[1] ». Selon les adversaires
de l'Université, il confirmait son monopole, il
interdisait de s'en affranchir.

L'enseignement primaire avait été organisé
dès 1833 par une loi dont M. Guizot, alors
ministre de l'Instruction publique, était l'auteur.
A partir de cette époque, les communes durent
être pourvues d'instituteurs nommés, payés,
surveillés par l'État et, la plupart, préparés par
lui dans les écoles normales que cette loi
établissait. Toutefois, les instituteurs libres ne
furent pas exclus de l'enseignement primaire,
les conditions exigées par la loi de 1833 per-
mirent même aux frères de la Doctrine chrétienne et de quelques autres congrégations de
tenir des écoles communales.

1. Discours du trône, 1844.

Dans le domaine de l'instruction secondaire, la liberté devait être à la fois plus facile à pratiquer et plus difficile à introduire; plus facile à pratiquer, car pour susciter et pour entretenir des écoles à leur convenance, les familles qui recherchaient une telle instruction n'avaient pas besoin que l'État les aidât, il suffisait qu'il laissât faire; plus difficile à introduire, car la place était prise, il fallait dépouiller d'un privilège exclusif une corporation, façonnée par la forte main de Napoléon pour répondre aux besoins et aux instincts de la société nouvelle.

La Révolution avait détruit et n'avait pas remplacé les anciennes écoles qui répandaient l'enseignement classique. Avant la fondation de l'Université, cet enseignement n'était plus donné nulle part en France; après, il ne put être donné ailleurs que dans l'Université. Aux termes des décrets de 1808 et de 1811, dans les villes où l'Université tenait un collège, nul autre collège ne devait lui faire concurrence[1], et dans les

1. « Les institutions placées dans les villes qui possèdent un lycée ou collège ne pourront enseigner que les premiers éléments qui ne font pas partie de l'instruction donnée dans les lycées ou collèges. » (Décret du 15 novembre 1811 ; Art. Ier.)

lieux où elle n'en avait pas, aucun ne pouvait s'ouvrir, sans être autorisé et surveillé par elle [1] et sans lui payer tribut [2]. Qu'un tel régime se soit perpétué après la chute de l'Empire, qu'une société qui professait la liberté de conscience et la liberté de discussion ait vécu trente ans et plus sans liberté d'éducation, on a peine à le concevoir aujourd'hui. C'est le propre des réformes nécessaires et fécondes, que l'état de choses auquel elles mettent un terme paraît

1. « Les chefs d'institutions se conformeront aux règlements que le grand maître leur adressera après les avoir fait délibérer en conseil de l'Université.

» Il ne sera rien publié, ni imprimé pour annoncer les études, la discipline, la condition des pensions, ni sur les exercices dans les écoles, sans que les divers prospectus et programmes aient été soumis aux recteurs et aux conseils d'Académie et sans en avoir obtenu l'approbation.

» Sur la proposition des recteurs, l'avis des inspecteurs et d'après une information faite par les conseils académiques, le grand maître, après avoir consulté le conseil de l'Université, pourra faire fermer les institutions ou pensions où il aura été reconnu des abus graves ou des principes contraires à ceux que professe l'Université. » (Décret du 17 mars 1808, Art. 103 et 105.)

2. « Il sera payé (à la caisse de l'Université), pour les diplômes portant permission d'ouvrir une école, savoir : deux cents francs pour les maîtres de pension ; à Paris, trois cents francs ; quatre cents francs pour les instituteurs ; à Paris, six cents francs. Ce paiement sera effectué de dix ans en dix ans, à l'époque du renouvellement des diplômes. » (Décret du 17 septembre 1808, Art. 27.)

ensuite n'avoir jamais pu exister. Il n'est pas moins vrai que, jusqu'à **M.** de Montalembert, aucun parti n'avait inscrit dans son programme la liberté d'enseignement. Sous la Restauration, les opinions qui se disputaient l'autorité prétendirent tour à tour s'emparer de l'éducation, mais ne tentèrent pas de l'émanciper. Seuls, dans **les deux camps**, quelques rares esprits ; à gauche, Benjamin Constant [1], **M.** Duchâtel et le journal *le Globe* [2] ; à droite, l'abbé de Lamennais [3], Berryer [4] et le *Correspondant* [5] dénoncèrent le monopole universitaire comme « un envahissement des libertés morales, fondement de toutes les autres libertés [6] », et demandèrent « qu'au lieu de changer de maître, l'enseignement sortît enfin d'esclavage [7] » ; leur

1. *De la juridiction du gouvernement sur l'éducation.* *Mercure de France*, Octobre 1817.

2. *Globe* du 17 mai, 5 juillet, 6 septembre 1828.

3. *De l'Université Impériale*, 1814. — *De l'éducation considérée dans ses rapports avec la liberté*, 1818. — *Lettre au grand maître*, **1823**.

4. *Mémoire sur les Ordonnances du 16 juin 1828.*

5. Fondé en 1828 pour *la défense de la liberté civile et religieuse* à la suite des ordonnances rendues pour interdire l'enseignement aux Jésuites.

6. Lamennais dans l'écrit de *l'Éducation*, 1818.

7. Duchâtel, dans l'article du *Globe*, 17 mai 1828.

voix sembla alors se perdre sans écho. Aujour-
d'hui les historiens se demandent, encore, en
vertu de quelle inspiration inattendue, par quel
hasard inexpliqué, ces mots : « liberté d'enseignement » furent inscrits, à la révolution de
Juillet, dans une proclamation du général La
Fayette et passèrent de là dans le texte de la
Charte revisée. A peine remarqués, ils y restèrent lettre morte, jusqu'au jour où M. de Montalembert s'en empara. Sous la Restauration,
Royer-Collard, prenant la défense de l'Université, n'avait pas craint de dire en 1817 :
« Elle a le monopole de l'éducation, à peu près
comme les tribunaux, le monopole de la justice,
ou l'armée, le monopole de la force publique[1] » ;
et sous le gouvernement de Juillet, en 1841,
M. Thiers répétait encore qu' « il faut que le
moule de l'éducation soit donné par l'État à
son effigie[2] ». Tant les hommes les plus soucieux de la liberté politique, méconnaissaient
encore la liberté morale et civile, tant les plus

1. Discours à la Chambre des députés, 25 février 1817.
2. Opinion de M. Thiers, dans son bureau à la Chambre des
députés en 1842. — Cité par H. de Riancey, *Histoire de l'instruction publique et de la liberté d'enseignement*, t. II, p. 430.

résolus à faire participer les citoyens au gouvernement de l'État, redoutaient de leur abandonner le gouvernement de leur propre famille. Un jurisconsulte accrédité, M. Troplong, soutenait alors que dans l'ancienne France « l'enseignement avait été un droit régalien [1] » et l'on en concluait volontiers que, dans la France nouvelle, l'enseignement devait relever de la souveraineté parlementaire, au même titre qu'auparavant de la souveraineté royale.

Le projet de M. Villemain s'inspirait de cet esprit, beaucoup plus qu'il ne se conformait à la promesse de la Charte. Obligé par le texte formel de cette Charte de prévoir, qu'à côté des collèges de l'État, des collèges libres tenteraient de s'ouvrir, il exigeait, de quiconque se présenterait pour les diriger, un certificat d'aptitude délivré sous le contrôle de l'Université [2], de quiconque y viendrait donner l'enseignement ou même exercer la surveillance, des grades, dont quelques-uns paraissaient alors d'un accès difficile et qui tous devaient être

---

1. H. de Riancey, *Histoire de l'instruction publique et de la liberté d'enseignement*, t. I, p. 396.

2. Article 3 du projet.

conférés par l'Université[1]; de plus, une fois
ces établissements ouverts, il les soumettait
sans réserve à l'inspection de l'Université. Enfin
en face de ce grand corps, revêtu de la puissance et pourvu des ressources de l'État, il interdisait à l'Église de recourir aux ordres religieux institués par elle. Par une disposition
empruntée aux ordonnances rendues en 1828
contre les jésuites, il fallait, pour être réputé
capable d'élever la jeunesse, « affirmer par une
déclaration écrite et signée qu'on n'appartenait
à aucune association ou congrégation religieuse
non légalement établie en France ». [2] A qui prétendait user de la liberté d'enseignement, la
liberté d'association était déniée.

Les petits séminaires, abandonnés au clergé
séculier pour préparer son recrutement, restaient seuls indépendants de l'Université. C'était
comme une soupape de sûreté, qui avait quelque
temps préservé le monopole des revendications

1. Les seuls établissements qui eussent *le plein exercice*, c'est-
à-dire qui en dehors des collèges royaux et communaux fussent autorisés à présenter leurs élèves au baccalauréat, devaient
être ceux qui compteraient deux maîtres au moins pourvus de
diplômes de licencié ès lettres et un maître pourvu du diplôme
de bachelier ès sciences mathématiques. (Art. 9 et 10 du projet.)
  2. Article 3 du projet.

de l'épiscopat et aussi du soulèvement des
pères de famille; les plus résolus à procurer
à leurs fils une éducation chrétienne les
glissaient parmi les futurs lévites, encore qu'ils
ne les destinassent aucunement au sacerdoce.
Mais en 1844, cette exemption, étroitement
mesurée, avait cessé de contenter l'Église en
France. Il ne lui suffisait plus désormais d'élever à l'écart du siècle un petit troupeau ; elle
prétendait, en vertu et au moyen du droit
commun, disputer à l'incroyance la génération
nouvelle tout entière. M. de Montalembert se
sentait en plein accord avec les chefs de cette
Église lorsqu'il disait aux défenseurs du monopole universitaire : « Nous voulons arriver par
la liberté à la religion ; et vous nous conduisez
par l'arbitraire au scepticisme. »

Du côté de M. de Montalembert, la discussion
roula tout entière sur ce thème. Il réclama la
liberté d'enseignement, à la fois, parce qu'elle
découlait de la liberté de conscience et parce
qu'elle devait profiter à l'Église. D'une part, il
dénia à la société moderne le droit de la refuser ; d'autre part, il montra qu'elle avait
intérêt à l'accepter. Il porta à la tribune la

double pensée qui remplissait son âme et devait
inspirer sa vie : à savoir que la liberté a besoin
de la religion et que la religion a besoin de la
liberté. Chez lui, cette pensée n'était pas nouvelle ; elle était née dès qu'il avait commencé
à penser ; mais c'est alors que, dans le 'plein
éclat de son jeune talent, il commença à l'imposer à l'attention de ses contemporains et,
qu'ils l'admissent ou la rejetassent, les força
d'en tenir compte.

IV

Le débat à la Chambre des pairs dura un
mois, du 22 avril au 24 mai 1844 ; il occupa
vingt-six séances, pendant lesquelles **M.** de
Montalembert prit quinze fois la parole et
prononça trois grands discours.

De ces discours, je ne détacherai ici aucun
passage, ils méritent d'être lus tout entiers.
Dès le début de sa carrière, **M.** de Montalembert s'était voué à d'autres luttes que celles où

l'on gagnait alors un pouvoir éphémère ; en consacrant sa parole à la cause de l'Église et de la liberté religieuse, il l'avait associée à la destinée des choses qui ne passent pas. De là vient avant tout, sans doute, que ses discours survivent à la génération qui les entendit et que maintenant encore ils ne paraissent point surannés. Mais cette fortune, peu fréquente dans les annales parlementaires, ils la doivent aussi à la manière dont ils ont été composés. Ils ne se recommandent pas seulement par la chaleur et l'éclat ; ils sont solidement construits. C'est pourquoi, plutôt que d'en découper ici quelques fragments, je préfère indiquer comment l'orateur les préparait. Je lui demanderai ensuite, à lui-même, quelle impression il éprouvait en les prononçant et quelle impression en ressentaient ses auditeurs ; car, en descendant de la tribune, il cherchait toujours à se rendre compte de l'effet qu'avait produit sa parole et ne manquait jamais de consigner sur son carnet quotidien un compte rendu rapide. Il n'est pas sur M. de Montalembert de témoignage plus sincère, parfois plus sévère, et, à tout prendre, plus exact que le sien.

Tous les discours de longue haleine qu'il a prononcés dans la paisible enceinte de la Chambre des pairs étaient, je le tiens de lui-même, écrits d'un bout à l'autre : ses répliques seules, souvent très vives et très acérées, mais assez courtes, ne l'étaient pas. Il apportait donc son manuscrit à la tribune et, sans faire presque aucun geste, habitude qu'il a toujours gardée, il le lisait de sa voix, d'ordinaire, incisive et mordante, et qui, tout à coup, à de rares intervalles, devenait profonde et chaude quand l'émotion le gagnait ; il lisait avec l'animation qu'il savait mettre à ses lectures, procédé auquel il est revenu la dernière fois où, déjà malade, il a parlé en public, au Congrès de Malines. C'est seulement quand il est entré dans les assemblées tumultueuses issues du suffrage universel, après la révolution de Février, qu'il s'est livré soit à sa mémoire, soit à son inspiration. J'ai ouï dire, aux députés qui l'entendirent alors, que personne n'était aussi habile que lui à souder les morceaux composés d'avance avec les morceaux improvisés dans le feu de l'action.

Qu'ils fussent écrits ou non, les discours de

M. de Montalembert étaient toujours laborieuse-
ment préparés. Je n'ai pas vécu près de lui à
l'époque où il montait à la tribune; quand je
l'ai approché, sa carrière parlementaire était
finie. Mais je l'ai vu, lorsqu'il voulait soutenir
du fond de sa retraite les causes auxquelles
il était dévoué, composer des écrits qu'une
revue, relevée par lui-même et par ses amis,
le *Correspondant*, la seule tribune qui lui restât,
publiait à peine sortis de sa plume : j'ai pu
de la sorte me figurer comment il bâtissait
ses discours. Ses écrits polémiques n'étaient-ils
pas des discours? N'y retrouvait-on pas, de la
première page à la dernière, son accent oratoire,
le mouvement et l'allure de « l'homme de
guerre dans la vie civile? »

Qu'on me pardonne donc, si, pour faire re-
vivre M. de Montalembert aux regards de ceux
qui ne l'ont pas connu, je me laisse dès à présent aller à mes propres souvenirs. En l'obser-
vant de près, rien ne m'a plus frappé que le travail opiniâtre et méthodique par lequel il se
disposait au combat. Dans ce Moyen Age qu'il
avait tant étudié et tant aimé, il s'était appro-
prié deux personnages : le bénédictin et le

chevalier ; il avait le labeur de l'un, la vail-
lance de l'autre et, comme les batailles auxquelles il était destiné se livraient par la parole
et par la plume, le bénédictin fournissait sans
relâche des armes et des munitions au chevalier.

Quand je parle d'armes et de munitions, il
ne faudrait pas croire qu'il recherchât seulement les faits et les témoignages propres à
appuyer les thèses qu'il avait adoptées : loin
de là. Par justice plus encore que par tactique,
il avait à cœur de bien connaître les allégations
qui pouvaient lui être opposées et, quand il les
jugeait plausibles, il les admettait largement.
Il s'efforçait d'envisager, sous leurs faces les
plus différentes, les problèmes historiques, politiques ou sociaux, qu'il entreprenait de
résoudre. Dans les documents qu'il a rassem-
blés, on retrouve face à face les informations
les plus contradictoires; on rencontre les appré-
ciations les plus hostiles, soit à sa cause, soit
à lui-même. Il était passionné, mais non pas
exclusif.

Le moment était-il venu d'engager l'action ?
Il passait d'abord en revue les renseignements

et les preuves qu'il avait rassemblées d'avance, les forces qu'il avait sous la main, il reconnaissait, avec un soin jaloux, celles de l'adversaire et la position qu'il occupait. Ensuite, il dressait son plan de bataille ; il le rédigeait dans un grand détail, avec une précision singulière ; il divisait et subdivisait son sujet, il assignait à chaque argument sa place et son rang, et c'était sur ce canevas aux mailles serrées, sur ce dessin minutieusement tracé, que sa plume ou sa parole courait ensuite rapide et précise, répandant la couleur et la vie, semant sur sa route l'ironie et l'indignation, le sarcasme et l'enthousiasme. Voilà comment s'autorisait chez lui « l'audace de tout dire » que lui imputait M. Villemain [1], étonné et déconcerté par ses attaques. Voilà comment se soutenait, pour employer un mot qui me paraît définir mieux que tout autre son éloquence, « la véhémence réglée de Montalembert [2] ».

Lorsque huit jours avant l'ouverture du

---

1. Discours du 17 avril 1844.

2. Discours préparé par M. Émile Ollivier pour recevoir à l'Académie française le successeur de M. Thiers. Le discours a été publié sans avoir été prononcé.

débat sur l'enseignement, il eut porté à la tribune son « manifeste » pour la liberté de l'Église, le 16 avril 1844, il écrivait sur son carnet au retour de la séance :

« Je suis assez mécontent de mon débit : l'aplomb me manque et, sans l'aide de mon manuscrit, j'étais coulé. La Chambre a été révoltée et exaspérée par plusieurs de mes assertions ; mais, somme toute, l'effet a été bon. J'ai été bien écouté. »

Et le lendemain, commençant à mesurer le retentissement de sa parole au dehors, il ajoutait :

« Succès considérable de mon discours dans les journaux : fureur maladroite du *Journal des Débats* : articles *délicieux* du *Courrier Français* et du *National*. Nombreuses lettres de félicitations et visites de compliments. Effet général et excellent. »

Le 26 avril, après le premier discours sur la liberté d'enseignement, où il avait eu à répondre à M. Guizot :

« Enfin, seconde bataille et seconde victoire, encore plus décisive que la première. Le matin, visite de l'abbé Dupanloup, fort utile au sujet du discours de Guizot. Dernière prépa-

ration et composition d'exorde sur Guizot et le
gouvernement, prière à Saint-Sulpice où je
trouve le Saint-Sacrement exposé, ce qui me
paraît de bon augure. A deux heures, je
monte à la tribune, je parle pendant deux
heures avec un succès complet, malgré les
violentes interruptions d'une partie de la
Chambre dans plusieurs endroits. — A la fin,
applaudissements et approbation universels...
Je me sens de plus en plus encouragé, en me
sentant sous le regard ami de bien des frères
qui prient pour moi. »

Le 8 mai, après avoir défendu les congrégations religieuses et, en particulier, les jésuites :
« Encore une miséricorde de Dieu bien complète et bien peu méritée. Troisième discours
et troisième succès sur le sujet le plus difficile
de tous : on s'accorde à dire que c'est le meilleur de mes trois discours. Les ennemis même
me rendent ce témoignage. »

Ce discours, était celui qui avait de sa part
exigé le plus de courage; un courage que, parmi
ses meilleurs amis, plusieurs taxaient même d'a-
vance de témérité. Il n'eut pas à s'en repentir.
A mesure qu'il s'éloignait de l'étroite enceinte

de la Chambre des pairs, il sentait s'accroître
son triomphe. Ce fut surtout dans une grande
soirée chez Lamartine, le 11 mai, qu'il éprouva
ce sentiment. En rentrant chez lui il écrivit :

« Le soir..., chez Lamartine, je suis très
entouré et complimenté. Je vois que mon dernier discours jésuitique a fait un excellent
effet. M. de Salvandy me loue et prétend être
de mon avis. Le général Changarnier, avec qui
je fais connaissance, semble aussi sympathiser
avec nous. Il me semble que j'ai enfin touché
à la *gloire*. Mais combien de temps ce prestige
éphémère durera-t-il ? — N'importe, je l'offre à
Dieu et à celle qui m'a fait connaître l'amour,
que j'ai désiré bien plus encore que la gloire. »
Madame de Montalembert était encore retenue
par sa santé dans l'île de Madère et cet éloignement causait à son mari, « dans le moment
le plus critique et le plus brillant de sa vie »,
plus d'un « accès de tristesse », dont les carnets gardent la trace.

Cependant, si les indifférents même se sur-
prenaient à applaudir ce langage inattendu,
quel accueil devait-il recevoir, quels échos
éveiller, quelles espérances susciter, parmi les

hommes dont il défendait la cause et vengeait
les croyances, surtout parmi les rares amis
dont la destinée s'était un jour mêlée à celle
de l'orateur ! Le chapitre de Saint-Brieuc lui
écrivait : « La France catholique a recueilli
avec transport cette parole pure... échappée de
votre âme pleine de foi. » A Paris, trois cents
jeunes catholiques venaient lui dire : « Vos
paroles marqueront une nouvelle époque dans
notre histoire. » A Lyon, une ovation lui était
décernée sous les auspices du cardinal de
Bonald, dans la grande salle de l'Archevêché,
et une médaille était frappée à son effigie.
Enfin le Père Lacordaire, qui venait, de son
côté, de porter l'habit religieux dans la chaire
de Notre-Dame et de conquérir, par son éloquence, à cet habit longtemps proscrit le respect
et l'admiration, lui mandait du Dauphiné, où
il fondait alors un couvent de son ordre : « Il
me semble que voici le point où Dieu t'attendait... Quelle différence entre 1844 et 1834. Il a
suffi de dix ans pour changer toute la scène.
Encore n'est-ce qu'un commencement... Tu
marqueras le point de l'histoire où l'Église
aura retrouvé, dans les assemblées publiques,

des orateurs dignes d'elle et vraiment dévoués
à ses véritables intérêts : car rien n'est stérile ;
ton exemple sera suivi par d'autres ; la glace
est rompue. C'est une grande gloire[1]. » Revenant ensuite en arrière, considérant, du haut
de sa foi, le chemin parcouru par lui-même
et par son ami, depuis qu'ils s'étaient séparés
de Lamennais, remontant même jusqu'à
l'époque où ils étaient partis pour Rome avec
lui, il ajoutait : « Il suffisait d'être humble
et confiant dans l'Église ; jusqu'au dernier moment, la partie était magnifique et la preuve
qu'elle l'était, c'est que la voilà gagnée... Plus
jeunes et plus simples que l'abbé de Lamennais... nous avons reconnu avec droiture nos
exagérations de style et même d'idées et Dieu,
qui sonde les reins et les cœurs, a jeté sur nous
un regard de miséricorde ; il a daigné ne pas
nous briser et même se servir encore de nous.
Jamais on ne vit dans l'Église l'exemple d'une
récompense plus grande donnée à la soumission, à côté d'un châtiment plus terrible imposé
à la révolte[2]. »

1. Grenoble, 15 mai 1844.
2. Nancy, 25 juin 1844.

V

Dans l'âme de M. de Montalembert, cette première joie d'une gloire naissante était pourtant mêlée d'amertume : il n'avait pas gagné sa cause. « Je suis triste et abattu malgré mon succès, écrivait-il, à cause de l'odieuse exhumation des lois les plus persécutrices de l'Empire et de la Révolution contre les ordres religieux[1]. » « On va aux voix et cette infâme prescription est votée à la presque unanimité. Je rougis vraiment d'être Français... Je ne suis remonté que par la sérénité de ceux qui sont les premières victimes de cette infamie et surtout du bon Père de Ravignan qui est venu deux fois chez moi pour me consoler et m'éclairer[2]. »

Une minorité considérable (cinquante et une voix contre quatre-vingt-cinq) se prononçait contre le projet de M. Villemain. Le monopole universitaire, encore debout, sortait ébranlé

1. Carnet, 8 mai 1844.
2. Carnet, 9 mai 1844.

du débat. Mais quand il s'était agi d'interdire l'enseignement aux ordres religieux, il n'avait pas été besoin de compter les suffrages ; à peine quatre ou cinq pairs, le duc d'Harcourt, le premier président Seguier, MM. de Barthélemy, Beugnot et de Gabriac, s'étaient unis à M. de Montalembert pour protester contre une telle exclusion.

Ce résultat était prévu d'avance. Aux réclamations de l'Église invoquant la liberté, les champions de l'enseignement universitaire, les adversaires de l'enseignement religieux, avaient opposé une diversion : ils avaient attaqué les jésuites, « nom heureux pour la haine », comme devait bientôt le reconnaître un jésuite : « il dispense de la vérité, il remplace la justice [1]. » Les vieux préjugés et les vieilles méfiances avaient été rallumés, à ce point que, jusque parmi les défenseurs de la liberté d'enseignement, les jésuites paraissaient un « embarras ». Il semblait dès lors permis de prévoir le jour où le droit d'enseigner serait accordé au clergé séculier et

____

1. Le Père Ravignan, *De l'existence et de l'Institut des Jésuites.*

refusé, par peur d'une seule société, à tous les religieux. Le Père Lacordaire qui devait plus tard fonder lui-même, à l'ombre du grand ordre de saint Dominique, une congrégation enseignante, mais qui ne voyait à ce moment « aucun autre ordre que les jésuites prêt pour l'enseignement », se résignait sans trop d'effort à cet accommodement. Il écrivait à son ami : « Chaque évêque, avec le temps et si le clergé a du zèle, pourra fonder un collège et avoir dans son diocèse trois grands établissements d'instruction : le séminaire, le petit séminaire et le collège... Je crois comme toi que le rétablissement en France des ordres religieux est d'une nécessité absolue et l'œuvre principale de la fin de ce siècle. J'y ai pour ma part consacré ma vie : mais commencer par vouloir pour eux une participation à l'enseignement public, c'est commencer la pyramide par le sommet. Il faut, avant tout, qu'ils prêchent, qu'ils confessent, qu'ils se fassent connaître et aimer. Je crois qu'il y a malhabileté à se heurter à cette question [1]. »

Sur ce point, M. de Montalembert se séparait

---

1. Nancy, 30 septembre 1844.

de son ami ; il se séparait aussi de l'archevêque
de Paris, monseigneur Affre, assez enclin à sacri-
fier les jésuites ; dans le clergé séculier, c'était
avec l'abbé Dupanloup qu'il s'accordait et se
concertait pour les défendre. L'un et l'autre
estimaient que les jésuites prêchaient et confes-
saient depuis assez longtemps en France pour
s'être fait connaître et, puisque seuls ils étaient
« prêts pour l'enseignement », l'un et l'autre
en concluaient qu'il était nécessaire autant
qu'équitable de les opposer, avec les ressources
qu'ils tiraient de leur esprit de corps et de
leur discipline, à l'Université.

L'événement devait donner raison à cette
manière de voir. Six ans plus tard, l'Université
étant dépouillée de son monopole ; ces jésuites
que « la France repoussait, disait-on, de l'enseignement » devaient être conviés de toutes parts
à y fonder des collèges ; ils devaient en fonder
en effet, destinés à se peupler et à durer ; sans
leur organisation puissante, sans la liberté,
conquise pour eux, en même temps que pour
les autres sociétés religieuses, il est permis de
penser que la liberté d'enseignement serait demeurée stérile. En relisant les pronostics qu'il

avait reçus à leur sujet en 1844 et dont il avait refusé de tenir compte, M. de Montalembert était fondé plus tard à écrire en marge : « Erreur démontrée par les faits depuis 1850. »

Mais auparavant, pour soutenir leur cause, il eut à traverser une pénible épreuve. Elle lui vint du côté où il devait le moins l'attendre. A la suite de leur rétablissement par le pape Pie VII en 1814, les jésuites n'avaient retrouvé en France qu'une existence précaire ; depuis que les ordonnances, arrachées contre eux à la Restauration en 1828, avaient fermé leurs collèges, ils menaient, dans leurs résidences, une vie à demi clandestine, exerçant le ministère ecclésiastique, sans avouer ouvertement quels religieux ils étaient. Cette réserve n'ayant empêché ni leurs adversaires particuliers, ni les ennemis de l'Église, de se déchaîner contre eux, ils s'étaient découverts pour se défendre. Le jour où le Père de Ravignan publia un écrit qui commençait par cette déclaration : « Je suis jésuite, c'est-à-dire religieux de la Compagnie de Jésus » et se terminait par un appel à la Charte et à la liberté de conscience, marque une date dans l'histoire de la liberté religieuse en France

Cette démarche, qui devait conduire plus tard à l'affranchissement de la Compagnie de Jésus, provoqua d'abord contre elle un redoublement de menaces et d'hostilités. On lui avait refusé le droit d'enseigner ; on lui contesta le droit d'exister. Ce fut M. Thiers qui, cherchant à tirer profit des passions soulevées, somma le gouvernement d'exécuter les lois de proscription. Par là, il espérait acculer le ministère, qu'il prétendait renverser et remplacer, soit à un refus qui le séparerait de ses partisans et le perdrait, soit à des mesures persécutrices qui le décréditeraient. Le ministère vit le piège et ne repoussa pas la sommation. Il se reconnut obligé et se déclara prêt à dissoudre les jésuites en France.

Restait à savoir si les lois, invoquées contre eux, subsistaient encore, si elles pouvaient s'accorder avec le régime libéral garanti par la Charte. Déjà sur ce terrain, les jésuites se disposaient à la résistance légale. Un comité de jurisconsultes les assistait et se concertait avec les pairs et les députés qui ne les abandonnaient pas. Berryer, qui venait de soutenir leur cause contre Thiers devant la Chambre

des députés, était l'âme de ces réunions. M. de
Montalembert l'y rencontra et, le voyant de
plus près, l'apprécia davantage. Il écrivit à son
ami **M.** Foisset : « Berryer, si beau à la tribune, m'a extrêmement plu par la décision et
la lucidité de ses avis dans nos conseils [1]. »

Jusque-là, les deux orateurs étaient restés
éloignés l'un de l'autre ; ils étaient destinés à
se séparer encore à plusieurs reprises, avant de
finir cordialement unis. Ce fut à propos des
jésuites que, dans le cours de leur vie publique,
ils se rapprochèrent pour la première fois.

Cependant la résistance ainsi préparée ne
fut pas tentée. Le gouvernement transporta
l'affaire à Rome et, à la suite d'une négociation assez mystérieuse, il obtint que le Saint-
Siège engageât le général des jésuites à disperser
lui-même les communautés de France : dis-
persion d'ailleurs plus apparente que réelle ;
quatre ou cinq maisons seulement furent
atteintes, et pas un jésuite ne quitta la France.
Mais cette apparence suffit pour contenter le
gouvernement, qui tenait seulement à déjouer

1. Paris, 12 mai 1845.

la manœuvre de ses adversaires. Elle suffit aussi pour désoler les amis des jésuites, prêts à revendiquer à leur profit le droit commun et la liberté. Le Père de Ravignan déclarait ne pouvoir plus se montrer à aucun des députés, des pairs de France et des avocats « qui avaient embrassé la cause de sa Compagnie ». Il suppliait le Père général de l'envoyer hors de France[1]. Quant à M. de Montalembert, contraint de s'expliquer à la Chambre des pairs, dans un débat que, cette fois, il n'avait pas soulevé, il reconnut qu'un fait imprévu s'était passé : « Ce qu'on regardait comme l'avant-garde de l'armée catholique a dû, dit-il, tout à coup, par l'ordre de son chef, poser les armes sous le feu de l'ennemi. » Mais, en capitaine habile à couvrir sur le front de bataille une telle retraite, il ajoutait aussitôt : « Rien n'est fini;... nous resterons debout, une main sur l'Évangile et l'autre sur la Charte; nous réclamerons tout ce que nous avons réclamé. » Hors de la tribune, loin de l'ennemi, son langage était moins contenu. Dans une lettre adressée à l'un des prin-

---

1. *Vie du Père de Ravignan*, par le Père de Pontlevoy.

cipaux jésuites de Rome, le Père Rozaven, et destinée à être lue parmi les personnages de la Cour pontificale, il exhalait son mécompte.

« A l'heure qu'il est, le gallicanisme est complètement vaincu en France. Le jansénisme traîne à peine un reste d'existence. Rome est plus puissante sur les catholiques français qu'elle ne l'a été depuis des siècles. Mais à côté de ce résultat si imprévu et si consolant de toutes nos révolutions, il y a un symptôme fâcheux qu'il ne faudrait pas méconnaître. Par suite de plusieurs circonstances, sur lesquelles je n'ai point le temps d'insister, on voit s'accréditer parmi nous une opinion détestable : c'est que Rome a besoin des gouvernements et qu'elle ne sait plus comment résister longtemps à leurs exigences...

.   .   .   .

» Le roi Louis-Philippe a pu dire et répéter ces mots : *J'avais une grosse épine dans le pied; le Pape me l'a ôtée.* Vous le savez, mon Révérend Père, j'ai travaillé toute ma vie à former en France une opinion catholique, en dehors de l'opinion légitimiste, et j'y ai réussi. Mais, je le déclare : légitimistes ou non, tous

les catholiques de France, à l'exception de
quelques courtisans et de quelques employés,
se sentent outragés par de semblables propos ;
tous en sont blessés et, qui plus est, scandalisés.
On ne se résigne point, parmi nous, à voir
la majesté pontificale entraînée dans l'orbite
de cette politique dynastique qui a déjà fait
tant de dupes et tant de victimes. Je vous
en conjure, mon Révérend Père, ne vous
méprenez pas sur la portée de mes paroles. Je
tiens et je proclame que les fidèles laïques
n'ont pas plus de droit de se mêler au gouvernement de l'Église qu'à l'interprétation de
la foi. Ce droit est exclusivement réservé au
pape et aux évêques... Mais, simple passager sur
la barque de Saint-Pierre, devenu soldat pour
la défendre contre les pirates qui ne cessaient
de l'assaillir, je tiens *(donec corrigar)* que j'ai
le droit d'avoir une opinion sur les dangers
dont cette barque est menacée et, après un
combat où j'ai été plus compromis que personne, le droit de souffrir et de donner une
libre expression à ma souffrance... D'ailleurs.
estime-t-on à Rome que l'intervention laïque
soit fâcheuse ou superflue ? Le Saint-Siège

désire-t-il que les gouvernements et leurs
organes aient seuls la parole en matière religieuse ? Veut-il que les catholiques indépendants cessent de se prévaloir des droits, que
leur accorde la Constitution de leur pays, pour
défendre dans les assemblée politiques et dans
la presse la liberté de l'Église?... S'il en est
vraiment ainsi, que le Saint-Père daigne nous
le dire d'une façon expresse et je réponds qu'à
l'instant l'action laïque cessera partout. A lui
de commander, à nous d'obéir. Déposer les
armes sans en avoir reçu l'ordre de notre chef,
ce serait nous déshonorer ; mais aussi rester
dans la lice pour y être désavoués, pour y être
livrés en cas de besoin à l'ennemi, c'est trop
cruel » [1].

VI

Que serait-il advenu des jésuites, de la liberté
de l'enseignement et de la liberté de l'Église

1. La Roche-en-Brenil, 14 septembre 1845.

en France, si le pontificat de Grégoire XVI et
le règne de Louis-Philippe s'étaient prolongés?
L'habile et intègre historien du gouvernement
de Juillet, M. Thureau-Dangin, tient pour certain que ce gouvernement était près, quand il
tomba, d'accorder la liberté d'enseignement. Aux
dernières élections qu'il a présidées, en 1846,
deux cents vingt-six candidats la réclamaient,
cent quarante-six députés la promettaient,
M. Guizot la laissait entrevoir ; un nouveau
ministre de l'instruction publique, M. de Salvandy, sans l'admettre encore, faisait brèche
aux privilèges de l'Université. La propagande
de M. de Montalembert avait donc été féconde;
le régime sous lequel s'était déployée cette
propagande ne repoussait pas définitivement
une réforme nécessaire. Mais il l'avait trop
longtemps, trop aveuglément, différée ; il ne
lui fut pas donné de l'accomplir.

Pour suivre jusqu'au terme l'entreprise dont
nous venons de marquer le début et les progrès, il nous faut dépasser la durée de ce
régime.

Louis-Philippe avait déclaré ne pas vouloir
« risquer sa couronne pour sauver les jésuites. »

Le pape Grégoire XVI n'avait pas refusé de tenir compte de cette appréhension, il s'était prêté à détourner le risque que le prince redoutait. Et deux ans plus tard, la couronne était brisée et l'Église restait hors d'atteinte, respectée par l'émeute triomphante. Cette modération était sans exemple dans l'histoire de nos révolutions. Le sucesseur de Grégoire XVI s'en félicita auprès de l'orateur qui venait d'invoquer en faveur des jésuites, comme de toute autre institution catholique, la liberté. Il le remercia d'avoir « rendu par son éloquence le nom de Pie IX cher à un peuple généreux [1]. »

La popularité, que Pie IX s'était attirée par son attitude libérale, préservait alors, en effet, à travers la tempête de 1848, la religion en France, et M. de Montalembert, en constatant cette popularité quelques jours avant cette tempête, avait revendiqué pour le drapeau arboré par lui-même et par ses amis « le droit d'être à l'honneur, puisqu'il avait été à la peine [2] ».

1. Bref du pape Pie IX au comte de Montalembert, 16 mars 1848.

2. Discours du 11 janvier 1848, *OEuvres complètes*, t. I, p. 655.

Cependant ce n'était pas seulement les vainqueurs qui s'inclinaient à ce moment devant la religion ; les vaincus se tournaient aussi vers elle, comme vers une suprême sauvegarde. Dans la ruine de l'ordre politique qu'avait fondé la bourgeoisie, l'ordre social se trouvait menacé : la propriété était contestée, la famille ébranlée. C'est pourquoi, les hommes soucieux de conserver la société française, telle qu'à travers plus d'un orage les siècles l'avaient faite, cherchaient pour elle dans l'Église un appui plus solide que tout autre. C'était la crainte sans doute qui ramenait ainsi vers les catholiques des politiques étrangers à leurs croyances : mais cette crainte, réfléchie et légitime, mérite, ainsi que l'a dit plus tard M. de Falloux, de n'être pas confondue avec la peur. Ceux qui l'éprouvaient s'effrayaient, non pour eux-mêmes, mais pour la patrie, et, loin de fuir ou de courber la tête devant le péril, ils s'armaient pour le repousser [1].

En tout cas, la crainte des conservateurs fut moins éphémère et surtout plus efficace, en

1. *Le Parti catholique.* Discours et mélanges, t. II, pag. 20.

faveur de la religion, que la complaisance des révolutionnaires. Ceux-ci revinrent promptement à leurs instincts destructeurs : ils se déchaînèrent d'abord à Rome contre la papauté, avec une ingratitude incomparable, et dès lors ne ménagèrent plus l'Église nulle part. Les conservateurs, au contraire, persistèrent à redouter le péril social, même après plus d'une victoire remportée, soit dans la rue, soit dans les scrutins, et pour le conjurer, ils continuèrent de recourir à l'Église. Aussitôt après la chute du gouvernement de Juillet, le 2 mars 1848, M. Thiers écrivait : « Quant à la liberté d'enseignement, je suis changé, je le suis, non pas par une révolution dans mes convictions, mais par une révolution dans l'état social... L'enseignement du clergé que je n'aimais point par beaucoup de raisons, me semble maintenant meilleur que celui qui nous est préparé [1]. » Et le lendemain de l'élection du prince Louis Bonaparte à la présidence de la République, il réitérait la promesse « de préparer, de soutenir

---

1. Lettre à M. Madier de Montjau, ancien conseiller à la Cour de cassation, publiée par tous les journaux, notamment par l'*Ami de la Religion*, dans son numéro du 18 juin suivant.

et de voter une loi de liberté d'enseignement, »
en ajoutant : « Nous avons fait fausse route sur
le terrain religieux, mes amis les libéraux et
moi, nous devons le reconnaître franchement [1]. »

Pour instituer l'enseignement libre, l'accord
entre d'anciens adversaires était donc possible
et il était indispensable. Si les catholiques
s'étaient flattés que, parmi les libertés pro-
clamées pêle-mêle et comme à l'aventure, celle
qui leur était chère pourrait s'introduire sans
conditions et sans restrictions, ils furent
promptement détrompés. M. de Montalembert,
ayant proposé d'inscrire, dans le préambule de
la Constitution, « le droit d'enseigner » sur la
liste des droits naturels garantis aux citoyens,
au même titre que le droit de s'associer et le
droit de manifester leurs pensées, cette proposition mal accueillie dut être retirée par son
auteur, afin d'éviter un échec funeste. Il fallut
se contenter d'un article qui ne s'éloignait
guère de la Charte de 1830. Il était ainsi
conçu : « L'enseignement est libre. La liberté
d'enseignement s'exerce selon les conditions de

----

1. Comte de Falloux, *Mémoires*, t. I, pp. 398 et 399.

capacité et de moralité déterminées par les
lois et sous la surveillance de l'État. »

Restait à débattre ces conditions, à régler cette
surveillance. Tout dépendait désormais de la
loi qu'il fallait faire, dans le cercle ainsi tracé,
et la tâche de la faire allait incomber à une
assemblée nouvelle, où nulle majorité ne pouvait se former, en pareille matière, si les champions de l'Église et les champions de l'Université, les hommes habitués à suivre M. Thiers
et ceux que M. de Montalembert avait menés
au combat, ne parvenaient à s'unir. La lutte
devait se terminer, comme se terminent d'habitude les luttes fécondes : par une transaction.
M. de Montalembert ne tarda pas à le comprendre. Après avoir « fait la guerre et l'avoir
aimée », il sut vouloir la paix. Mais en même
temps, il sentit qu'il avait trop longtemps et
trop vivement combattu, pour qu'il lui appartint
de la préparer. L'homme de guerre s'effaça
devant le négociateur. M. de Montalembert
poussa M. de Falloux au ministère. M. de
Falloux, devenu ministre, appela à délibérer en
commun et à traiter ensemble les représentants
des intérêts divisés.

Dans ces délibérations tenues loin du public[1], entre hommes longtemps séparés les uns des autres et rapprochés tout à coup par l'imminence d'un commun péril, l'abbé Dupanloup, qui venait de publier un livre sur la *Pacification religieuse*, indiqua, justifia et fit accepter les conditions auxquelles l'Église pouvait souscrire. M. Cousin, avec une opiniâtreté ardente et souple, soutint les privilèges de l'Université. Enfin, M. Thiers s'entremit, sans relâche et avec une autorité prépondérante, pour établir l'accord au profit de la défense sociale. Sur un seul point, sur les jésuites, il gardait des ombrages : l'abbé Dupanloup les dissipa dans un débat suprême, dont les témoins ne perdirent jamais le souvenir. En en sortant, M. Thiers s'écria, ceux qui l'entendirent l'ont attesté : « Il a raison, l'abbé ! Oui, nous avons combattu contre la justice, contre la vertu et

---

1. Le tableau vivant et fidèle de ces délibérations a été tracé par un ami dévoué de M. de Montalembert, de M. de Falloux et de monseigneur Dupanloup, M. Hilaire de la Combe, à l'aide de leurs entretiens et d'un procès-verbal authentique et détaillé. — *La liberté d'enseignement. Les Débats de la commission de 1849. Discussion parlementaire et loi de 1850*, Paris, 1879.

nous leur devons réparation [1]. » Dès lors, la paix était faite, le traité conclu.

Aux termes de ce traité, l'enseignement de l'État était maintenu, l'enseignement libre pouvait être fondé. L'enseignement de l'État, donné par l'Université, devait être contrôlé par la société elle-même : il était soumis à des conseils, où se trouvaient représentées l'Église, la magistrature, l'administration, la famille et la science ; où étaient appelés, soit à Paris, soit dans chaque département, à côté des membres mêmes de l'enseignement et du ministre ou du préfet, des délégués de l'épiscopat, des cours de justice, des conseils généraux, de l'Institut.

A ces conseils, tuteurs de l'enseignement officiel, étaient, en outre, déférés les litiges auxquels pouvait donner lieu l'enseignement libre, assuré ainsi d'une juridiction indépendante. Des grades d'un accès facile étaient seuls exigés des hommes qui prétendaient

---

1. Comte de Falloux, *Mémoires*, t. I, pp. 398 et 399. — Que de fois aussi j'ai moi-même entendu monseigneur Dupanloup et M. de Falloux, échangeant leurs souvenirs avec M. de Montalembert, rappeler cette scène !

diriger cet enseignement [1] et si, néanmoins, ils se défiaient des universitaires habitués à conférer ces grades, ils pouvaient les récuser et réclamer d'autres juges [2]. Sur les établissements libres, la surveillance de l'État était limitée au respect de la constitution et à l'observation des règles d'hygiène ; les procédés d'éducation, les méthodes d'instruction en étaient affranchis. Enfin, nulle congrégation religieuse n'était exclue du droit d'ouvrir des collèges.

Telle fut cette transaction, que l'on appela dès lors un concordat, et que le Père Lacordaire a nommé plus tard « l'édit de Nantes du XIXe siècle ». Les débats du parlement n'étaient pas destinés à la modifier sensiblement. Elle en devait sortir, telle qu'elle avait été dressée dans les pourparlers préliminaires entre hommes compétents. M. de Montalembert assista à ces pourparlers décisifs ; M. de Falloux, qui lui attribuait toujours la conquête de la liberté

1. Le simple grade de bachelier et un simple certificat de stage dans un établissement d'éducation. Aucun grade n'était exigé des professeurs ou surveillants.

2. Un jury spécial, nommé par le ministre, sous sa responsabilité, en dehors des jurys universitaires.

nouvelle, ne manqua pas de l'y appeler. Il y prit toutefois peu de part, il estimait meilleur pour sa cause que d'autres se missent alors en avant. Mais, une fois le traité dressé, il l'approuva pleinement, il le soutint envers et contre tous. Le texte lui en ayant été montré avant d'être soumis à l'Assemblée, il écrivait dans son carnet : « 20 juin 1849. — Falloux me communique son projet de loi avec l'exposé des motifs sur la liberté d'enseignement. Il est excellent et je ne puis m'empêcher de lui envier l'honneur d'attacher son nom à un tel monument. *Tulit alter honores.* »

Quelques semaines après, il ajoutait : « 13 août. — C..., avec sa préoccupation habituelle de moi, me fait de sérieuses réflexions sur la position *secondaire* que me fait, aux yeux du monde catholique et politique, mon alliance avec Falloux, déjà pourvu de la première place. Je m'y résigne sans peine ; mon talent n'est pas supérieur au sien, au contraire, et ma conscience m'interdit de me grandir en lui faisant opposition. »

Quoi qu'on puisse penser du jugement que M. de Montalembert portait sur lui-même, il

faut reconnaître que sur cette question, il ne
remporta pas alors à la tribune des triomphes,
capables de le dédommager de l'effacement
qu'il s'imposait ailleurs. Soit qu'un tel débat
fût épuisé pour lui, soit que son éloquence,
accoutumée à braver les contradictions, se prê-
tât mal à préconiser les accommodements, son
discours dans la discussion générale de la loi
trompa l'attente de ses amis. Lui-même le
constate : « 17 janvier 1850. — Tout le monde
me presse de parler. Je le fais, mais sans
succès... Je suis souvent applaudi par la droite,
mais la gauche organise un système de con-
versations qui étouffent ma voix. Puis on trouve
que je suis trop long... Bref, je ne réussis pas
et je crains, d'après ce que me disent quelques
amis sincères, d'avoir nui à la loi. »

Le lendemain, le débat se poursuivant, il se
console en applaudissant M. Thiers : « 18 janvier. — Les journaux du matin, sauf quelques
exceptions, ne confirment que trop ma défaite
imprévue pour tous et vraiment incompréhen-
sible pour moi. Mais je suis glorieusement
vengé par le discours magnifique de Thiers, qui
défend victorieusement la loi, sans dire une pa-

role qui puisse nous blesser ou qui ne lui aille pas. C'est bien l'auxiliaire et non le néophyte. Quand il s'est représenté la main dans ma main, pour la défense commune de la société, il y a eu une approbation profondément sentie sur tous les bancs de la majorité. La loi est gagnée, *quant à présent*, par ce discours et Falloux et moi nous sommes bien justifiés de notre confiance dans cet homme, étonnant et charmant malgré ses faiblesses et ses inconséquences. »

Ce ne fut pas la seule fois qu'au cours de cette délibération solennelle, M. Thiers, placé à la tête de la Commission de l'Assemblée qui avait approuvé la loi, donna à M. de Montalembert une si pure et noble jouissance. Le 23 février, vint la discussion sur les jésuites, dont l'issue parut un instant douteuse et que retrace en ces termes le carnet que j'ai sous les yeux : « Thiers, faisant plus que tenir parole, rétablit nos affaires et parle, avec une admirable franchise et un admirable courage, dans le sens dont nous étions convenus, en proclamant l'abrogation des ordonnances de 1828 et l'égalité devant la loi des jésuites avec tous les autres citoyens. Qui l'aurait cru, il y

a cinq ans, lorsque nous avons commencé la
lutte, lorsque l'amendement du duc d'Harcourt
à la loi de 1844 ne réunissait que six voix.
« Les dernières paroles de M. Thiers sur la
République donnent le signal d'une lutte de
deux heures... Enfin, à sept heures et demie,
on vote, et nous obtenons l'énorme majorité
de quatre cent cinquante voix contre cent
quarante-huit, la plus forte qu'il y ait encore
eu dans la discussion. Vraiment le triomphe est
plus que complet et la grâce de Dieu, bien
manifeste. »

Désormais, le dernier défilé, où la loi pouvait
trébucher, était franchi. Elle fut adoptée dans
son ensemble, le 15 mars 1850, par une majorité
où les anciens adversaires de M. de Montalembert à la Chambre des pairs, MM. de Broglie
et Molé, figuraient au premier rang, où MM. de
Rémusat, Casimir Perier, de Malleville marchaient à la suite de M. Thiers et se rencontraient avec MM. de Riancey, de Kerdrel et de
Melun.

Si M. de Montalembert, en appuyant cette
loi, parut moins éloquent que d'habitude,
jamais il ne mit au service de sa cause plus de

clairvoyance et de désintéressement. La transaction n'avait pas obtenu d'abord parmi le
clergé et les catholiques l'accueil qu'elle méritait. On continuait de ce côté à se méfier de
l'État, à redouter avec lui tout rapprochement.
Si restreinte que fût sa surveillance, imposée
d'ailleurs par le texte formel de la Constitution,
on souhaitait encore la secouer. Surtout, on
s'effarouchait de la participation des autorités
religieuses au gouvernement de l'enseignement
officiel. Du fond de sa province, l'ami fidèle de
sa cause et de sa personne que M. de Montalembert consultait de préférence en toute
occasion, M. Foisset le conjurait de ne pas
accepter le projet sans l'amender. A Paris, le
seul évêque qui siégeât à l'Assemblée, monseigneur Parisis, après avoir d'abord approuvé la
loi, n'osait la voter. Au scrutin définitif, il
s'abstenait et, quand cette loi dut s'exécuter,
pour faire cesser les hésitations parmi les
évêques, pour les déterminer tous à occuper la
place qui leur était assignée dans les conseils
de l'instruction publique, il fallut l'intervention de la Cour de Rome, auprès de laquelle
prévalurent les avis conciliants et modérés.

Quelles que fussent d'ailleurs les conditions de l'accommodement, les soldats que M. de Montalembert avait menés à l'assaut n'étaient pas tous disposés à cesser le feu. Beaucoup avaient pris goût à la bataille ; il leur en coûtait d'y renoncer. C'est assez la coutume des hommes de guerre de chercher querelle aux hommes de paix et, quand le chef des hommes de guerre devient lui-même homme de paix, quand le général accrédite et cautionne le négociateur, parfois les troupes mécontentes ne ménagent pas plus l'un que l'autre. Ainsi en fut-il, au terme de la lutte pour la liberté d'enseignement. Dans le journal *l'Univers*, M. Veuillot s'éleva sans relâche contre la transaction, et lorsqu'enfin elle fut définitivement adoptée, lorsque la loi eut été promulguée, ce journal l'annonça en ces termes à ses lecteurs : « Grâce à la complicité de quelques catholiques, le monopole de l'État en matière d'instruction, est aujourd'hui légalement consacré[1]. »

Entre l'orateur et le journaliste, longtemps associés pour la défense de la même cause, ce

1. *Univers*, numéro du 28 mars 1850.

mésaccord est le premier qui ait éclaté publiquement. En même temps, du côté opposé, les adversaires de la transaction annonçaient la ruine à bref délai de l'Université.

L'expérience a prononcé : la loi de 1850 a démenti les craintes qu'elle inspirait à sa naissance. A peine était-elle rendue, pourtant, que l'Empire en retranchait les clauses destinées à protéger l'un et l'autre enseignement contre l'arbitraire, déclarait les professeurs de l'État révocables au gré du Gouvernement, substituait des conseils nommés par le Gouvernement et pareillement révocables aux conseils électifs et indépendants, qui devaient diriger l'enseignement de l'État, contrôler l'enseignement libre. Ainsi dépourvu de garanties, le régime inauguré en 1850 a subsisté néanmoins, grâce surtout à la difficulté de le remplacer. L'enseignement de l'État a pu se perpétuer sans déchoir ; l'enseignement libre, une fois institué, s'est développé, ramenant l'habit religieux sous les yeux de la jeunesse française, répandant dans les carrières publiques et dans les professions libérales plusieurs générations de chrétiens.

L'appui donné par M. de Montalembert à la
transaction de 1850, lui coûta sa position à la
tête de l'armée qu'il avait formée, qu'il vit se
rompre et se tourner en partie contre lui, mais
assura le succès de sa cause. S'il avait eu
moins de perspicacité ou moins d'abnégation,
si après avoir lutté, il avait refusé de traiter,
la lutte serait demeurée sans résultat.

VII

La conquête de la liberté d'enseignement a
été la principale entreprise de M. de Montalembert à la Chambre des pairs sous le gouvernement de Juillet. Mais cette entreprise ne
s'étant terminée qu'après la chute de ce gouvernement, nous avons dû, pour la suivre
jusqu'au bout, nous avancer un instant à
travers un autre régime, pénétrer dans d'autres
assemblées.

Cependant, M. de Montalembert ne voulait
pas être et n'était pas l'homme d'une seule

question, il avait l'esprit trop curieux et trop actif; d'ailleurs, dans l'intérêt même de sa cause préférée, il jugeait bon d'accréditer sa parole en la mêlant à des débats divers. Pour achever de décrire son attitude et son rôle à la Chambre des pairs, il nous faut donc retourner en arrière et jeter encore un rapide regard sur l'époque que nous venons de traverser et de dépasser.

La Charte accordait aux pairs de France voix consultative à vingt-cinq ans, voix délibérative à trente. Ils pouvaient siéger et même parler cinq ans avant de pouvoir voter. M. de Montalembert usa de ce privilège: avant trente ans, il avait abordé dix-neuf fois la tribune. Son premier discours fut consacré à la liberté de la presse; le second, à l'émancipation de la Pologne : la presse qu'il voulut plus tard réprimer, sans l'asservir, et dont il disait parfois, au témoignage de son successeur à l'Académie : *Nec sine te, nec tecum vivere possum ;* la Pologne, la nation en deuil, qui fut, avec l'Irlande, la première passion de sa jeunesse et dont il honora toujours le malheur, la constance et la foi.

Après les questions religieuses, la politique étrangère l'attirait de préférence. Dès son enfance, il avait beaucoup voyagé ; depuis son avènement à la pairie et son mariage, il avait continué de voyager encore. Il s'était familiarisé, plus qu'aucun autre homme public en France à cette époque, avec les diverses langues et les divers peuples de l'Europe. A la tribune, la Belgique et la Grèce, l'Espagne et la Syrie, la Gallicie et la Suisse l'occupèrent tour à tour et, pas plus au dehors qu'au dedans, il ne subit le joug d'aucun parti. Admirateur déclaré des institutions anglaises, il s'éleva fréquemment contre la politique extérieure de l'Angleterre. Partisan résolu de l'alliance anglaise, il regimba plus d'une fois contre l'arrogance britannique et les complaisances du ministère français [1].

En 1840, lorsque la querelle du sultan avec le pacha d'Égypte faillit déterminer une guerre européenne, quand la France, abandonnant sa vieille alliée la Porte, prit parti pour la jeune

---

1. Discours du 13 avril 1841 ; 2 avril 1842 ; 3 août 1844 ; 5 mars 1845 ; 15 juillet 1845 ; 10 janvier et 20 juin 1846. T. I, pp. 287, 327, 564. T. II, pp. 38, 115, 218, 254.

puissance de Mehemet Ali, quand l'Angleterre s'accorda avec la Russie et la Prusse pour faire échec à la France, il visitait Vienne et Constantinople. En quittant Paris, il avait confiance dans la politique extérieure de M. Thiers, alors président du Conseil et ministre des Affaires étrangères. Il espérait que cette politique obligerait l'Europe à compter davantage avec la France, et M. Thiers avait souhaité profiter de cette disposition favorable chez un homme déjà signalé par sa rare indépendance. Sans lui donner encore, comme il en manifestait le projet, un poste diplomatique, il avait demandé au jeune pair de France de voir sur sa route les ministres, les chefs d'État, de sonder leurs intentions et de leur exposer celles du gouvernement français [1]. A Vienne, M. de Montalembert reçut une lettre du président du Conseil, qui lui disait à la date du 31 juillet : « Lord Palmerston s'est jeté en avant avec une incroyable témérité. Ses collègues ont résisté d'abord et ont cédé ensuite devant la crainte d'une dissolution du cabinet. Les trois représentants de Russie, de Prusse et

[1]. Lettres du comte de Montalembert au comte Félix de Mérode, 15 mars et 13 juin 1840.

d'Autriche ont suivi. Maintenant, la France, blessée et inquiète, arme à force. Qu'adviendra-t-il ? Je l'ignore. Cela dépendra de ce que tenteront les quatre nouveaux alliés.

» ... Il y a deux endroits où je ne comprends pas ce qui vient de se faire : c'est dans les deux endroits où le *statu quo* européen est la condition indispensable du salut, je veux dire Vienne et Constantinople..... Évidemment, il n'y a que la France qui ait bonne chance dans le cas d'une guerre, et la Russie avec elle... Je compte sur l'effet de votre langage ferme et modéré. Je vous prie de le joindre à celui de nos agents, il fera d'autant plus d'effet qu'il sera moins officiel en apparence [1]. »

Quand cette lettre parvint à **M.** de Montalembert, il entrait encore dans les vues de M. Thiers. Il lui répondit aussitôt : « **J'aurais** certes mieux aimé qu'on fît la guerre pour la Pologne ou pour la Belgique que pour le pacha d'Égypte ; mais enfin, nous sommes encore heureusement à temps pour reprendre notre rang en Europe, n'importe à quelle occasion.

---

1. Paris, 31 juillet 1840.

Je vous ai assez souvent et assez vivement combattu, pour ne pas être suspect de flatterie en vous disant que votre présence à la tête du Cabinet français est le meilleur gage de force et de résistance que nous puissions donner à l'Europe [1]. »

Cependant, M. de Montalembert poursuivit son voyage, il atteignit Constantinople, entretint le grand vizir Reschid Pacha, poussa jusqu'à Smyrne et quand il connut mieux l'Orient, son indifférence à l'égard de Mehemet Ali se changea en éloignement. De Constantinople même, il avertit M. Thiers : d'une part, que la cause du protégé de la France n'était pas celle de la civilisation, d'autre part que pour résister à l'envahissement de la Russie, Constantinople offrait un point d'appui moins fragile et plus sûr qu'Alexandrie [2]. A son retour à Paris, il trouva M. Thiers écarté des affaires, un nouveau ministère résolu à la paix, en face de Mehemet Ali réduit à reculer, et l'opinion publique émue d'un échec qui n'était pas vengé.

1. Vienne, 7 août 1840.
2. Constantinople, 7 septembre 1840.

Dans la discussion qui s'engagea sur ces événements, il attesta, à l'encontre du ministère tombé, que « nous avions été trompés sur le compte du pacha d'Égypte, sur sa valeur morale et sur la valeur matérielle de sa puissance, et qu'à aucun titre il ne méritait que la France combattît pour lui »; mais en même temps il accusa « l'indécision et l'inaction où s'étaient tenus en Orient et partout le ministère précédent, la politique égoïste et mesquine », dont il ne soupçonnait que trop le nouveau cabinet, et cela dit, il put descendre de la tribune « avec la douloureuse certitude d'avoir soulevé contre ses paroles tous les préjugés et tous les partis, mais avec la douce et fière conviction de n'avoir sacrifié à aucune passion, à aucune peur, à aucune coterie [1]. »

L'indépendance de M. de Montalembert le vouait donc à l'isolement, même avant que les grands débats de 1844 l'eussent mis en pleine lumière et, sans retour, écarté des chemins qui menaient alors aux grands emplois. Ses collègues accordaient à sa parole d'autant plus de liberté,

____

1. Discours du 17 novembre 1840, t. II, p. 219.

qu'ils ne redoutaient de sa part aucune com-
pétition dans la lutte des partis pour s'emparer du pouvoir; ils considéraient sa personne
avec un mélange de curiosité, de surprise et
d'attrait. Un jour, M. Molé, s'entretenant de
lui avec l'abbé Dupanloup, disait : « Si je
n'avais que quarante ans je ne voudrais pas
d'autre carrière que la sienne [1]. » Quelques
temps après, le même M. Molé se montrait
au contraire au même abbé Dupanloup « inquiet et mécontent » d'un langage qui continuait à ne ménager personne. « M. de Montalembert, disait-il, est arrivé à un âge et à
une position où il n'est plus permis de faire
des fautes. » Sur quoi, M. de Montalembert, à
qui de tels propos étaient fidèlement rapportés,
observait : « Je n'admets pas cette manière de
voir. Elle serait excellente, si j'avais pour
ambition de devenir ce qu'on appelle un
homme pratique, un homme possible... Mais
telle n'est ni mon ambition, ni ma destinée.
Je ne dois et ne veux être qu'un pionnier, un
précurseur..... Ne pas faire de fautes, cela

1. Carnet, 2 avril 1845.

revient dans la vie politique, à *ne rien faire* [1].

De 1845 à 1848, les questions religieuses restèrent en suspens : il y eut entre l'Église et l'État une sorte de trêve, dont M. de Montalembert profita, sans désarmer, pour aborder davantage les questions extérieures. Il les traitait, comme il traitait les questions historiques, en justicier qui poursuit à travers le monde les iniquités triomphantes, plutôt qu'en politique qui démêle et débat les intérêts contradictoires. C'était selon lui « le glorieux privilège des tribunes libres que les grandes causes de l'humanité y fussent plaidées et que l'opinion y prononçat ses arrêts [2]. » En 1840, il s'était prononcé pour le Sultan contre Mehemet Ali. Cinq ans plus tard, quand le Sultan livra les Maronites du Liban à leurs sauvages ennemis, les Druses, et que le sang chrétien coula à flots, il ne manqua pas de flétrir l'attentat et d'invoquer pour les victimes la protection de la France [3]. En 1846, il dénonça les massacres de

1. Carnet, 13 juin 1847.
2. Discours du 6 janvier 1836, t. Ier, p. 55.
3. Discours du 15 juillet 1845 ; 10 janvier, 19 mars et 26 juillet 1846 et du 21 janvier 1847, t. II, pp. 115, 218, 254, 332 et 424.

Gallicie, la confiscation de Cracovie, derniers attentats commis sur la Pologne par les monarchies absolues du Nord ; aux applaudissements de la Chambre des pairs, étonnée elle-même de son émotion, il montra « la nation opprimée s'attachant aux flancs de la puissance opprimante, comme une plaie vengeresse ».

Dès lors, cependant, c'étaient d'autres attentats que ceux des rois qu'avait le plus à redouter la liberté ; sans changer de cliente, M. de Montalembert allait changer d'adversaires.

Cette liberté « qu'il avait trop aimée peut-être, aimée comme on aime quand on est jeune, sans mesure, sans frein, mais qu'il voulait aimer toujours, servir toujours » il la vit, de toutes parts menacée par l'esprit révolutionnaire, par le radicalisme.

En France, la guerre déclarée à un ministère conservateur, qui s'opiniâtrait à maintenir un système électoral trop étroit, ne ménageait plus rien ; dans les banquets organisés par l'opposition, les pires souvenirs de la première révolution étaient invoqués ; un grand poète, transformé en orateur politique et par occasion en historien, Lamartine, recherchait une popu-

larité malsaine et il l'obtenait, en glorifiant les
Girondins, précurseurs de la Terreur avant
d'en devenir les victimes. Au delà de nos fron-
tières, à travers l'Autriche encore comprimée
sous la main de Metternich, comme à travers
l'Allemagne, aspirant déjà à l'unité, et à travers l'Italie, s'agitant pour l'indépendance, le
radicalisme se répandait, moins bruyant, mais
non moins redoutable. Au milieu de ces divers
pays, à la porte de la France, en Suisse, vers la
fin de l'année 1847, il éclata et l'emporta et,
dans les premiers jours de 1848, M. de Montalembert dénonça son triomphe. Une guerre
civile lui avait livré passage. Cette guerre
s'était engagée à propos des jésuites, que les
petits cantons catholiques voulaient garder sur
leur propre territoire et que la plupart des
autres cantons prétendaient bannir de la Con-
fédération tout entière. Les droits de l'autorité
fédérale, les droits des cantons, étaient en jeu
dans le débat, que les armes venaient de trancher. Mais M. de Montalembert laissa de côté,
ce qui était particulier à la Suisse, le prétexte
et l'occasion du combat, pour signaler ce qui
menaçait de s'étaler sur d'autres et plus vastes

théâtres, le caractère de la victoire : « l'abus
de la force, l'étouffement du droit, la violation
de la foi jurée, la supériorité du nombre érigée
en dogme et le mensonge servant d'arme et de
parure à la violence. » Avant tout il annonça
« le contre-coup qu'auraient en France les événements de Suisse ». « Vaincu moi-même, —
dit-il, en montant à une tribune destinée à
tomber quarante jours plus tard, — je parle à
des vaincus, c'est-à-dire aux représentants de
l'ordre régulier, de l'ordre libéral qui vient
d'être vaincu en Suisse »; et, montrant sur cet
étroit théâtre le radicalisme à l'œuvre, il le
stigmatisa comme « l'antipode de la liberté ».

« La liberté, observa-t-il, c'est la tolérance
raisonnée, volontaire ; le radicalisme, c'est l'in-
tolérance absolue qui ne s'arrête que devant
l'impossible... La liberté consacre les droits des
minorités ; le radicalisme les absorbe et les
anéantit. La liberté, en un mot, c'est le respect
de l'homme, tandis que le radicalisme c'est le
mépris de l'homme poussé à sa plus haute
puissance. » Enfin, en face des périls qu'il dé-
voilait, il conclut en adjurant les honnêtes
gens de se défendre : « Le plus grand des

maux dans une société politique, c'est la peur.
Dans cette époque infâme et sanglante que l'on
veut à toute force réhabiliter, savez-vous quel
a été le principe de toutes nos catastrophes ?
c'est la peur, oui la peur, que les honnêtes
gens avaient des scélérats, et même la peur que
les petits scélérats avaient des grands. N'ayons
pas peur, messieurs. Ne souffrons pas que les
méchants aient seuls le monopole de l'énergie,
de l'audace. Que les honnêtes gens aient aussi
l'énergie du bien ; que les bons citoyens aient
aussi, quand il le faut leur audace [1]. »

Jamais sa parole ne s'était déployée avec
autant de vigueur et d'éclat. Jamais non plus,
elle n'avait autant répondu aux plus profonds
sentiments de ceux qui l'écoutaient, aussi
jamais encore n'avait-elle remporté un égal
triomphe. Il le constate en ces termes : « Dès
les premières minutes, je sens que je suis maître
de mon auditoire et je goûte pendant une heure
l'ineffable bonheur de *faire justice* de scélérats
qui ne m'ont fait aucun mal personnellement,
mais qui ont menacé et souillé tout ce qu'il y a

1. Discours du 14 janvier 1848, t. II, p. 674.

de plus sacré... En descendant de la tribune, je suis littéralement écrasé par les félicitations (y compris celles de M. le duc de Nemours). Le pauvre chancelier m'embrasse en pleurant. D'autres me baisent les mains : l'enthousiasme est au comble... J'ai touché au pinacle, il ne me reste plus qu'à descendre [1]. »

Quand la révolution de Février éclata, ce discours retentissait encore ; il avait placé d'avance M. de Montalembert au premier rang des défenseurs de la societé française, en face du parti qui menaçait de la détruire. Au moment où la lutte pour la liberté d'enseigne-ment allait se clore, d'autres combats l'at-tendaient.

1. Carnet, 14 janvier 1848.

CHAPITRE IV

I

La révolution de Février consterna M. de
Montalembert. Pourtant dès le lendemain, il
déclara publiquement que « l'Église restant
debout, il fallait sous la République, comme
sous la monarchie, défendre, aimer et servir la
liberté religieuse » et que, dans la nouvelle
phase sociale où entrait la France, « nul catholique n'avait le droit d'abdiquer ». Mais, s'il
reconnaissait ainsi que le devoir ne changeait
point, il le trouvait pour sa part tout autrement malaisé et pénible à remplir.

« Je me sens brisé, — écrivait-il le 27 février,
dans son Carnet, — par la chute qui m'a préci-

pité du haut d'une position éminente, unique et souverainement indépendante, pour me faire tomber au niveau de la foule. Je ne puis encore me retrouver au milieu de cet ouragan, où le droit, l'ordre légal, l'atmosphère constitutionnel et régulier où j'ai vécu jusqu'à présent, où tout, en un mot, a disparu. »

Quelques jours plus tard, le 13 mars, il écrivait : « Quant à ce qui me regarde personnellement, je vous avoue que je suis désespéré de la perte de cette indépendance calme, souveraine et inattaquable que m'assurait la pairie. Je n'en serai pas moins fidèle à mon drapeau; je ferai, comme soldat, ce que j'ai fait comme capitaine [1]. »

Une fois encore, M. de Montalembert se trompait sur sa destinée. Tandis qu'il se préparait à descendre, il devait monter encore. Jusqu'alors, en dehors de l'étroite phalange qu'il avait formée et dont il était le capitaine, on admirait sans doute son talent; mais on ne lui accordait aucun crédit. Désormais, au milieu d'une armée plus nombreuse et plus di-

1. Lettre au comte Félix de Merode.

verse, sur un plus vaste champ de bataille, il
allait passer général.

Peut-être maintenant, s'étonnera-t-on du prix
qu'il attachait à sa pairie, peut-être se deman-
dera-t-on ce que valait pour lui un siège dans
une Assemblée qui, ayant cessé d'être héréditaire sans devenir élective, figurait encore
dans l'État comme une réunion d'hommes
considérables ou distingués, mais ne pesait
plus comme une puissance. Cette pairie avait
mis l'orateur en possession d'une tribune dès
qu'il avait été en âge d'y monter et sans qu'il
eut à solliciter aucun prince, ni aucun parti :
avantage inappréciable à ses yeux.

Un autre et plus profond sentiment était d'ailleurs blessé chez lui par la révolution nouvelle.
Sa prédilection pour le régime représentatif, tel
que l'avait envisagé sa jeunesse, provenait à
la fois de ses sentiments libéraux et de ses
instincts aristocratiques. Il savait gré à ce régime,
tout ensemble, d'assurer au pays un gouvernement débattu et contrôlé et de tirer du peuple
« une espèce de patriciat politique, accessible à
tous, issu des luttes parlementaires [1] », la seule

1. Lettre à Lacordaire, 23 août 1854.

aristocratie que comportât la société nouvelle.
Ce patriciat, il l'avait admiré dans le pays de sa
mère, en Angleterre; il devait décrire plus tard,
mieux qu'on ne l'avait fait avant lui, le mouvement double et continu, par lequel l'aristocratie
britannique refoule une portion de sa substance
dans la masse de la nation, aspire et s'incorpore
tout ce qui s'élève. Les institutions représentatives, inaugurées en 1814, lui avaient paru
introduire en France quelque chose d'analogue :
le vestige ou le germe d'un patriciat politique
et bien qu'à partir de 1830, la supériorité de
la naissance eût cessé d'être comptée pour rien
dans le Parlement, il y restait encore, pour
l'élever au-dessus de la foule, la supériorité
du talent et des services. M. de Montalembert
prévit-il que le débordement de la démocratie
submergerait cette supériorité comme tout
autre, que la foule ne se soucierait plus d'être
représentée par une élite, que le suffrage universel, remplaçant brusquement et sans tran-
sition un suffrage beaucoup trop restreint,
pourrait paraître tour à tour émancipé ou mis
en tutelle, mais ne serait de longtemps organisé ni réglé? Entrevit-il de loin, que dans les

Assemblées délibérantes, les hommes politiques
auraient pour successeurs, un jour, leur contre-
façon et comme leur fausse monnaie, *les politi-
ciens ?* La pente de son esprit l'inclinait à penser
de la sorte, et il ne serait pas difficile de rencontrer dans ce qu'il a écrit de tels présages.

Pourtant la première expérience qui fut
faite du suffrage universel ne les confirma pas.
Ce mode de suffrage, on devait le reconnaître
plus tard, est dépourvu de prévoyance; mais
quand le péril a éclaté, il sait choisir, comme
par une inspiration soudaine, les hommes qui
doivent le conjurer. A la suite de la révolution
politique qu'elle avait subie sans résistance, la
France se vit menacée d'une révolution sociale
et successivement, deux Assemblées conserva-
trices furent élues. Des principes, des intérêts,
des convictions, que le régime précédent, assis
sur une base trop étroite, avait laissés à l'écart,
s'y montrèrent représentés. En face des prolé-
taires soulevés contre la bourgeoisie, en face
des factieux qui déclaraient « avoir fait contre
la société le serment d'Annibal[1] », les hommes

1. Discours de **M.** Louis Blanc à l'Assemblée ouvrière du
Luxembourg.

fidèles aux traditions et à la religion de la
France, les légitimistes et les catholiques ren-
trèrent dans le Parlement. M. de Montalembert
y rencontra des adversaires, des alliés, des soldats que, jusqu'alors, il ne s'était pas connus;
il y trouva aussi à débattre des questions qu'auparavant il n'avait pas abordées. Les institutions nécessaires, non seulement à l'État mais
à la famille, le droit à la propriété individuelle,
le droit à l'héritage, étant contestés, il convenait que la foi religieuse qui consacrait ces
droits naturels intervînt pour les sauvegarder ;
il convenait que les catholiques participassent
à la défense sociale, en stipulant, pour prix du
concours que l'on attendait d'eux, le respect de
l'Église et de sa liberté.

M. de Montalembert ne faillit pas à cette
tâche. Les Compagnies de chemin de fer étant
les premières menacées de confiscation, il se
leva pour les préserver. La nouvelle Assemblée
n'était pas réunie depuis quinze jours, qu'un
ministre des finances tenta de déposséder de
ces grands ouvrages d'utilité publique les particuliers, qui avaient associé leurs capitaux et
traité avec le gouvernement pour en doter la

France ; il proposa, moyennant une indemnité
dérisoire, de les reprendre pour le compte de
l'Etat. Le 22 juin 1848, ce projet étant venu
en discussion, M. de Montalembert le combattit
à un double titre, comme « portant atteinte au
droit de propriété et au principe d'association ».
Il avertit les républicains que le régime soudainement inauguré par eux ne survivrait pas
aux inquiétudes de la France, si la propriété
se sentait ébranlée ; il dénonça, comme tyran-
nique, la tendance « à faire de l'État l'entre-
preneur de toutes les industries et l'assureur de
toutes les fortunes », opposa à cette tendance
et revendiqua, pour le travail, comme pour le
capital, la liberté d'association, ajoutant que
« le grand tort de notre législation, depuis 1789,
avait été de ne pas donner à la liberté la garantie de l'association », et puisque des sociétés
industrielles s'étaient néanmoins formées, il
adjura la démocratie, pour son salut et son
honneur, de les respecter.

Ce discours est le premier qu'il ait prononcé,
au sortir de la Chambre des pairs, devant
l'assemblée nombreuse et tumultueuse où il se
trouvait tout à coup transporté. Il aborda la

nouvelle tribune avec une résolution qui dès
ses premiers mots en imposa à ses adversaires,
mais aussi avec une appréhension qui se pro-
longea tant qu'il parla, l'empêchant de se
rendre justice à lui-même. Accueilli tout d'abord
par des murmures que la paisible enceinte du
Luxembourg n'avait jamais connus : « Je ne
suis pas habitué à ces interruptions, mais je
suis ici pour m'y faire et je m'y ferai, dit-il
d'un ton qui découragea les interrupteurs.
« On m'écoute avec la plus grande attention
— écrivait-il en descendant de la tribune — et
quoique j'aie parlé, selon moi, surtout dans la
première partie, d'une manière confuse, incor-
recte et traînante, j'obtiens un succès complet.
La Montagne m'interrompt à peine, le centre et
la droite m'appuient par d'énergiques applaudissements. Enfin, je réussis à gagner cette
première et terrible bataille. » Quand on relit
ce discours, déprécié par l'orateur, il semble
au contraire que jamais encore, son argumen-
tation ne s'était dégagée aussi nette, souple et
serrée.

Il avait à peine cessé de parler, qu'une bataille
d'une autre sorte s'engageait. La multitude

désordonnée qui peuplait les ateliers natio-
naux se soulevait ; occupée par ces révoltés,
la moitié de Paris se hérissait de barricades. **La**
capitale ne se souvenait pas d'une insurrection
aussi terrible et devait rester vingt-trois ans
avant d'en subir une autre plus terrible encore,
la Commune. Il fallut, pour vaincre celle
de 1848, plus de cinquante mille hommes et
trois jours de combat. Dépositaire de la souveraineté nationale, l'Assemblée n'abandonna
pas ceux qui soutenaient sa cause. Tandis que
cinq généraux étaient frappés à mort, tandis
que l'archevêque de Paris, se présentant **aux**
barricades un rameau d'olivier à la main, offrait
sa vie pour ramener la paix, les représentants,
en grand nombre, se rendaient sur les points
les plus menacés, pour encourager les combat-
tants ; quatre d'entre eux y furent blessés, **deux**
y périrent. **M.** de Montalembert alla **deux fois**
au feu. Le 24 juin, avec **MM.** de Kerdrel et de
Grammont, il assista, dans le voisinage **de**
l'Hôtel de Ville, à l'assaut de la barricade de
la rue Planche-Mibraye, trois fois attaquée par
nos troupes et deux fois reprise par les insur-
gés ; il admira l'entrain de la jeune garde

mobile et reçut pour le général Cavaignac les
commissions du général Duvivier, qui devait
être mortellement atteint quelques instants
après. En revenant de l'Hôtel de Ville, les trois
représentants traversèrent le pont Saint-Michel
sous une vive fusillade et, tandis qu'ils suivaient ensuite les quais de la rive gauche, leurs
écharpes tricolores, qu'ils avaient à cœur de
montrer comme un signe de ralliement aux
défenseurs de l'ordre, servaient de points de
mire aux hommes postés sur l'autre rive. Le
lendemain, M. de Montalembert retourna sur
le lieu de l'action, avec MM. Buffet et Sainte-
Beuve [1], il trouva, vers les anciens greniers
d'abondance, un feu encore très vif, visita la
mairie du sixième arrondissement et les barricades voisines dont les troupes venaient de
s'emparer, rencontra au retour une colonne de
prisonniers escortés par la garde nationale et
fut frappé de leur « air fier et féroce ». « Pas
un, écrivait-il, ne semble découragé ou humilié;
ils attendent tous leur revanche ».

Cette revanche à main armée devait se faire

1. Représentant de l'Oise, qu'il ne faut pas confondre avec
le célèbre critique.

longtemps attendre; mais aussitôt l'insurrection domptée dans la rue, la lutte d'où dépendait le sort de la société française reprit au Parlement et dans cette lutte, M. de Montalembert, placé en tête de l'armée qui résistait, ne s'épargna pas. La magistrature, qui depuis le début du siècle sauvegardait à travers les révolutions politiques les familles et leur patrimoine, était menacée de perdre, avec l'inamovibilité, l'indépendance; sur la proposition de M. de Montalembert, elle fut mise hors d'atteinte. Le système financier, au moyen duquel s'était édifiée la fortune publique, était battu en brèche par les novateurs; déjà un impôt impopulaire, mais nécessaire, l'impôt des boissons était aboli; à sa voix il fut rétabli. Entre les mains des anarchistes, les journaux étaient devenus des instruments de guerre civile, de guerre sociale; avec son concours, attristé mais résolu, ils furent réprimés [1].

De tels débats, de tels succès présentaient son talent oratoire, aussi bien que son caractère politique, sous un nouvel aspect. Jusque-

1. Discours du 10 avril 1849, t. III, p. 157; du 13 décembre 1849, t. III, p. 296; du 21 juillet 1849, t. III, p. 202.

là, sa parole, si vibrante qu'elle fût déjà, ne
rencontrait guère d'écho, si ce n'est chez le
petit nombre, parmi les catholiques fervents,
dont elle attestait et vengeait les croyances.
A ce moment, elle retentit fort au delà : dans
le cercle étendu et varié dont elle défendait les
intérêts ; elle fut accueillie, comme un moyen
de salut, par quiconque redoutait le boulever-
sement de la société française.

Le moins religieux et le plus avisé des cri-
tiques et aussi le plus effrayé par la révolution
nouvelle, Sainte-Beuve, marqua ce progrès ;
de ce point de vue, il traça avec complaisance
le portrait de l'orateur : M. de Montalembert,
dit-il, « n'est plus tout entier à une extrémité...
L'énergie gagne par la prudence, l'éloquence,
plus mûre, n'y perd pas et elle donne désormais la main à la politique, qui n'est autre,
le plus souvent, qu'une transaction. Son beau
talent, avec la fermeté, la souplesse et la vigueur
qui le distinguent, avec cet art de présenter la
pensée sous des aspects toujours larges et nets,
avec l'éclat et la magnificence du langage qui
ne se séparent point chez lui de la chaleur du
cœur, s'est mis tout entier au service, non

seulement des belles causes, des causes généreuses, mais aussi des choses praticables et
possibles. Les assemblées nouvelles, si diver-
sement composées et si orageuses, lui vont à
merveille. Sa faculté ironique et poliment hau-
taine, qui, à certains jours, excédait un peu le
ton de la Chambre des pairs et pouvait sem-
bler disproportionnée, trouve ici des objets
très convenables et il n'en laisse à l'occasion
échapper aucun, il joint aux autres qualités
de l'orateur celle de la riposte et de l'à propos.
Dans le discours sur l'inamovibilité de la magistrature, le passage où l'orateur rapproche,
socialement parlant, le sacerdoce de la magistrature du sacerdoce du prêtre ; ce double
temple qu'il importe de maintenir debout ; ce
torrent de la Révolution qui doit, en roulant,
trouver deux rives inébranlables et se contenir
entre le temple de la loi et le temple de Dieu,
tout cela est à la fois de la haute éloquence
et de l'éternelle politique... »

Passant ensuite aux qualités extérieures de
l'orateur et les appréciant, en lettré raffiné
qu'il était, Sainte-Beuve ajoutait : « A la tribune, M. de Montalembert arrive aux effets

sans grands efforts et comme par suite d'un développement continu. Il y est d'une parfaite aisance. Il a peu de gestes, mais il possède la plus essentielle des parties qui concourent à l'action; il a la voix, la voix d'un courant pur et d'une longue haleine, d'un timbre net et clair, d'un accent distinct et vibrant, très propre à marquer les intentions généreuses ou ironiques du discours. Fils d'une mère anglaise, on croirait sentir dans sa voix, à travers la douceur apparente, une certaine accentuation montante qui ne messied pas, qui fait tomber certaines paroles de plus haut et les fait porter plus loin. »

L'étude se terminait par cette remarque, empruntée, était-il dit, à l'antique Solon et confirmée par de vivants exemples, que « l'accord parfait entre la pensée et l'éloquence ne se rencontre avec plénitude que de quarante-deux à cinquante-six ans [1] » : M. de Montalembert, n'étant pas parvenu à cet âge, était donc destiné à grandir encore à la tribune. Présage bientôt démenti ! Précisément à qua-

---

1. *Causeries du lundi* (5 novembre 1849) : *M. de Montalembert, orateur.*

rante-deux ans, il ne devait plus trouver de
tribune où se faire entendre. A peine au sommet, sa carrière oratoire touchait au terme.

II

Il ne faudrait pas croire qu'en soutenant les
intérêts de l'État et de la société menacée,
M. de Montalembert eût abandonné les intérêts
de l'Église. Loin de là, c'est alors, nous l'avons
vu, au moyen d'un accord entre conservateurs
auparavant divisés, qu'il obtint la liberté d'enseignement. Vers le même temps, il eut à
défendre et il défendit victorieusement la cause
du Saint-Siège et de son indépendance.

Les révolutionnaires de toute l'Europe s'étant
donnés rendez-vous à Rome, Pie IX avait été
détrôné et forcé de fuir, après l'assassinat de
son ministre. Aussitôt, sous le général Cavaignac, une expédition avait été préparée en
France, pour rendre au pape sa liberté. Six
mois plus tard, sous Louis-Napoléon, l'expé-

dition était partie, pour rétablir son autorité.
Du haut de la tribune, M. de Montalembert
assigna d'abord au premier projet la portée
qui convenait, en déclarant que, pour le pape,
il n'est pas de liberté sans souveraineté [1]. Plus
tard, l'expédition étant accomplie, il l'empêcha
d'être détournée de son but, il empêcha la
main de la France d'opprimer le pape après
l'avoir restauré. Tel était, en effet, le dessein
de Louis-Napoléon, épris pour la révolution
italienne d'une passion fatale, qui avait égaré
sa jeunesse et devait amener sa ruine. Mais
l'Assemblée législative, à qui appartenait encore
le principal pouvoir, avait d'autres pensées;
elle appréciait mieux les conditions du bon
ordre et de l'équilibre en Europe et ce n'était
pas en vain que, chez elle, il était fait appel
au sentiment chrétien.

M. de Montalembert l'éprouva, lorsqu'après
avoir constaté la faiblesse matérielle du Saint-
Siège en face des puissances de la terre, il dit :
« Il n'y a pas dans l'histoire du monde un
plus grand spectacle et un plus consolant que
les embarras de la force aux prises avec la fai-

1. Discours du 30 novembre 1848, t. III, p. 102.

blesse... Quand un homme est condamné à lutter contre une femme, si cette femme n'est pas la dernière des créatures, elle peut le braver impunément. Elle lui dit : Frappez ; mais vous vous déshonorez et vous ne me vaincrez pas. Eh bien, l'Église est bien plus qu'une femme ; c'est une mère, c'est la mère de l'Europe, la mère de la société moderne. On a beau être un fils dénaturé, un fils révolté, un fils ingrat, on reste toujours fils, et il vient un moment, dans toute lutte contre l'Église, où cette lutte parricide devient insupportable au genre humain, et où celui qui l'a engagée tombe accablé, anéanti, soit par la défaite, soit par la réprobation unanime de l'humanité[1].

Ce discours fut suivi, au témoignage du *Journal des Débats*, « d'acclamations telles qu'on ne se souvenait pas d'en avoir entendu dans les assemblées délibérantes », et voici comment l'orateur lui-même constatait son succès : « 19 octobre 1849. — Au milieu d'orages épouvantables qui, grâce à Dieu, n'ébranlent en rien mon esprit ni mon cœur, je parviens à prononcer un discours qui venge Pie **IX** et

____
1. Discours du 19 octobre 1849, t. III, p. 250.

l'Église... Les applaudissements de la droite prennent le caractère d'un acte de foi, quand une triple salve vient accueillir ces paroles : l'Église, *c'est une mère*. Je crois que ç'a été le plus beau moment de ma vie publique... Je me sens profondément reconnaissant envers Dieu, d'avoir été choisi pour arracher à ce pauvre pays un tel acte de foi ». L'ovation se prolongeait le lendemain : « A l'Assemblée je suis comblé des félicitations et des remerciements de mes collègues, dont plusieurs me pénètrent par leur émotion sincère et cordiale... Celui qui me flatte et me touche le plus, c'est Thiers, à qui j'ai volé son discours, son succès et une ou deux de ses idées et qui me dit : « Vous êtes le plus éloquent des hommes, votre discours est de tous ceux que j'ai entendus en ma vie celui que j'aurais le plus voulu prononcer, que j'ai le plus envié. Mais je pense que cette envie n'est pas un péché, car j'aime le beau et j'aime votre personne. Écrivez cela à votre femme. » Enfin, Berryer me dit : « Ce qui fait votre force, c'est que vous n'êtes pas un esprit absolu, mais un esprit résolu. »

Au surplus, ce n'est pas à M. de Montalem-

bert seul qu'il était réservé de provoquer dans
l'Assemblée législative des manifestations religieuses. A l'occasion, la foi vivante au fond des
âmes y jaillissait soudainement. Je voudrais en
citer un autre exemple, pour rendre hommage
à cette Assemblée trop méconnue par ceux dont
elle a servi la cause, en même temps que pour
montrer comment M. de Montalembert savait
jouir des succès d'autrui. Quelque temps après
qu'il avait défendu le pouvoir du pape, Berryer eut à défendre celui des évêques. Il était
rapporteur du budget, quand Jules Favre introduisit inopinément, dans la discussion du budget
des cultes, un amendement qui tendait à établir
l'inamovibilité des desservants et même leur
élection par le peuple ; il fallut répondre sur-le-
champ. « La séance qui s'annonçait comme
peu intéressante, — écrivait le soir M. de Montalembert, — se termine par une foudroyante et
pathétique improvisation de Berryer. Il y parle
le langage le plus chrétien qu'on puisse imaginer et entraîne jusqu'aux païens du parti
conservateur par l'éloquence incomparable de
sa foi et de sa passion chrétienne [1]. » Ce dis-

1. Carnet, 1850, 2 avril.

cours, que Berryer avait prononcé sans l'avoir aucunement préparé, était resté dans le souvenir de M. de Montalembert. Il disait que c'était à peu près la seule fois, durant toute sa carrière parlementaire, qu'il avait entendu un orateur vraiment éloquent à l'improviste.

Le pape fut restauré au moyen des mêmes procédés et avec le concours des mêmes hommes qui fondèrent la liberté d'enseignement. Un accord entre l'esprit religieux et la politique conservatrice détermina à la fois la loi du 15 mars 1850 et l'expédition de Rome. L'une et l'autre entreprises, approuvées et soutenues par tous les chefs de la majorité parlementaire, eurent pareillement pour principaux auteurs : dans le gouvernement, M. de Falloux; dans l'Assemblée, M. Thiers uni à M. de Montalembert. M. Molé enfin se fit sans bruit, mais avec à propos et autorité leur plus efficace auxiliaire.

Quand Rome eût été arrachée, non pas certes aux Romains qui n'étaient pas alors détachés du pape, mais à la révolution cosmopolite, quand Pie IX y fut rentré, M. de Montalembert voulut y venir. Il y vint, durant les vacances de l'Assemblée en 1850, et y trouva l'accueil qu'il méritait. Le pape lui témoigna sa gratitude pour la France, pour son gouvernement, pour les hommes publics qui avaient défendu sa cause ; il lui annonça des mesures destinées à développer les libertés municipales et à remettre l'ordre dans les finances de l'État romain ; enfin, il l'entretint avec confiance des diverses affaires qui intéressaient l'Église en Europe. Toute la Cour pontificale et l'aristocratie romaine lui firent fête. En l'introduisant à une cérémonie de la Chapelle Sixtine, le maître de Chambre, monseigneur Borromée lui disait : « Il est bien juste que vous soyez au premier rang, puisque c'est à vous que nous devons d'être ici. » M. de Montalembert n'ayant jamais occupé le pouvoir, ses triomphes oratoires ne l'avaient pas habitué aux honneurs officiels ; il semblait surpris de ceux qu'il recevait dans la ville éternelle et parfois un peu gêné ; par exemple, quand on était averti de ses excursions hors de Rome et que les carabiniers arrivaient au-devant de sa voiture et lui faisaient escorte. Cependant son beau-frère, monseigneur de Merode, que le pape venait de s'attacher comme camérier et goûtait fort à cette époque, ne négligeait rien pour rendre son séjour « doux et fructueux ». Il visitait les sites et les monuments qu'il ne connaissait pas encore, tels que Subiaco, qu'il devait décrire plus tard dans les *Moines d'Occident ;* il retrouvait les lieux qui lui rappelaient sa jeunesse, la maison où il avait rencontré Albert et Alexandrine de la Ferronnays, celle où il avait demeuré avec Lacordaire, les chemins qu'il avait suivis, les sanctuaires où il avait prié avec sa jeune femme au lendemain de leur mariage. Du haut de chacune des sept collines, « la vue de Rome lui paraissait plus belle que jamais et plus belle que tout au monde ». Chaque jour, il sentait avec bonheur que « son admiration n'avait pas diminué avec l'âge, au moins en ce qui touchait l'Italie ». Enfin ce qui le ravissait, c'était de voir nos troupes avec le drapeau tricolore montant la garde sur la place Saint-Pierre. « Je suis électrisé — écrivait-il — par ce spectacle, si sublime et si consolant pour tout cœur français, de la force au service du droit, de la force représentée par la France et du droit, le plus sûr et le plus sacré de tous, personnifié par le pape. »

III

Nous venons de passer en revue les questions
sociales et les questions religieuses que **M.** de
Montalembert eut à traiter sous la seconde
République; il nous reste à marquer son
attitude et son rôle dans la lutte des partis
politiques.

A la suite de la révolution de Février, son
premier souci fut de préserver les catholiques,
non seulement de la contagion du socialisme,
mais aussi d'une obséquieuse complaisance
envers la démocratie triomphante. « Je ne puis
me défendre de sourire — écrivait-il — quand
j'entends déclarer que le christianisme, c'est la
démocratie... J'ai passé ma jeunesse à entendre
dire que le christianisme c'était la monarchie.
J'ai lutté vingt ans, et non sans quelques succès,
contre cette vieille erreur. Je lutterais vingt ans
encore, si Dieu me les donnait, contre cette
nouvelle prétention ». Il rappelait « que le
christianisme se prête à toutes les formes de

gouvernement humain, mais ne s'identifie avec
aucune, étant destiné à survivre à tous les
pouvoirs ». C'est pourquoi en face de la puissance nouvelle, il recommandait au clergé « la
dignité et la réserve [1] ». Quant à lui-même,
jeté dans la mêlée, il ne se réservait pas, il
s'exposait sans ménagement aux représailles
révolutionnaires. La démocratie lui paraissait
prête à verser dans le radicalisme; le radicalisme menaçait les bases même de la société :
la religion, la famille et la propriété, comme
on disait en ce temps-là, et dès lors contre les
radicaux et quiconque pactisait avec eux, il
poussait à la réaction.

Cette campagne lui fut d'abord avantageuse :
elle agrandit son talent, elle étendit son autorité. Pourtant elle lui coûta dès le début un
douloureux sacrifice : elle rompit son accord avec
Lacordaire. Leur dissentiment avait précédé
la révolution de Février. Lacordaire avait blâmé
son ami de s'être rangé d'avance, dans son dernier discours à la Chambre des pairs, parmi les
vaincus. Quand cette révolution fut accomplie,

1. Lettre à l'*Ami de la Religion*, octobre 1848. *OEuvres complètes*, t. IV, pp. 502 et 503.

il ne manqua pas sans doute, dans une réunion
populaire fort hostile à l'orateur de la Chambre
des pairs, d'attester « l'estime et l'amitié » qu'il
lui gardait. Mais il pensa que celui-ci devrait
lui-même se mettre, au moins quelque temps,
à l'écart[1] et pour son propre compte, il accueillit
l'événement qui désolait M. de Montalembert
comme le point de départ d'une ère nouvelle,
favorable à l'Église et à la liberté. Voulant
donc coopérer au bien qu'il en augurait, il
fonda un journal qu'il intitula précisément
l'Ère nouvelle. Il entra à l'Assemblée nationale et,
afin de donner un gage au parti républicain,
dont il avait médit jadis, il choisit sa place
sur les bancs les plus éloignés de M. de Montalembert, parmi les républicains extrêmes, au
sommet de la *Montagne*. Mais il n'y resta pas.
L'entraînement auquel il avait cédé n'était
conforme, ni à ses antécédents, ni à ses incli-
nations habituelles, il fut court. Ayant assisté
le 15 mai, à l'invasion de l'Assemblée par
« une multitude aveugle, » il en conclut que

---

1. « A ta place, je me réserverais pour le moment où moi-
même, ton ami et ton compagnon, je ne pourrais rien. » (Lacordaire à Montalembert, 3 mars 1848).

« la République était perdue [1] », et deux jours après il se démit de son mandat de représentant. Quelques semaines plus tard, il se retira également de l'*Ère nouvelle*. Toutefois, même après avoir abandonné ce journal, il sut mauvais gré à M. de Montalembert de l'attaquer; un instant il voulut prendre le public à témoin de leur querelle. Ce fâcheux éclat fut évité; mais la séparation dura jusqu'au jour où se termina la vie publique de M. de Montalembert. Quand les deux amis se virent relégués ensemble dans une retraite prématurée, l'affection, qui n'avait pas péri, se réveilla toute vive et les consola mutuellement; néanmoins, l'intimité, qu'avait formée jadis entre eux la communauté des vues et des efforts, ne devait plus se retrouver.

Un autre prêtre tenait désormais dans la vie de M. de Montalembert la place précédemment occupée par Lacordaire: c'était l'abbé Dupanloup. Celui-ci, à ses débuts dans le sacerdoce, avait rencontré chez le cardinal de Rohan le futur champion de l'Église, encore

____

1. *Testament du Père Lacordaire*, ch. X.

adolescent, et dès lors ils avaient éprouvé un mutuel attrait. Quelques années plus tard, l'opposition de l'abbé Dupanloup aux doctrines de *l'Avenir* et les méfiances de M. de Montalembert contre le clergé royaliste les éloignèrent l'un de l'autre, mais peu à peu, la campagne poursuivie pour affranchir l'enseignement les rapprocha. En employant au service de la religion les libertés modernes, l'abbé Dupanloup cessa de les maudire; l'usage victorieux qu'il en sut faire l'inclina à les aimer. Enfin, quand l'ecclésiastique, qui avait témoigné le plus de répugnance pour le journalisme, se décida à guerroyer au moyen du journal et devint lui-même un maître dans l'art de manier cette arme légère et terrible, quand l'héritier le plus fidèle de l'ancienne Église de France parut, aux regards des profanes, « le plus vénérable des libéraux » [1], alors rien ne le sépara plus de M. de Montalembert; ils se placèrent sur le même terrain, soutinrent mêmes combats, eurent mêmes auxiliaires et, jusque dans leur propre

---

1. Je trouve cette jolie expression dans un billet de Prévost-Paradol à M. de Montalembert, qui l'avait engagé à dîner pour faire connaissance avec l'évêque d'Orléans.

camp, mêmes adversaires. Dans les tentatives
de sa jeunesse, M. de Montalembert avait eu
pour compagnon le Père Lacordaire ; dans les
entreprises de son âge mûr, il eut pour associé l'évêque d'Orléans.

Le Père Lacordaire et ses amis de *l'Ère nou-*
velle, les hommes qui, non contents d'accepter
la démocratie comme un état de choses inévitable, la saluaient comme un progrès chrétien
et n'étaient dès lors que trop disposés à la
flatter, ne furent pas seuls à se séparer, vers
cette époque, de M. de Montalembert. A l'autre
extrémité du parti catholique, les ennemis
de toute transaction, nous l'avons déjà vu,
l'abandonnèrent également. Ainsi, au moment
où il remportait les plus importants avantages,
il vit se dissoudre, à l'aile droite et à l'aile
gauche, et s'éloigner de lui l'armée qu'il avait
péniblement formée en dehors du Parlement.

Dans le Parlement même, il représentait une
grande cause, il stipulait pour un intérêt de premier ordre, avec lequel il fallait désormais compter, il figurait à ce titre parmi les chefs du parti
conservateur ; mais il n'avait pas de corps de
troupe qui lui fût propre et manœuvrait à son

gré. Il trouvait autour de lui des alliés, il lui manquait des amis politiques; cet isolement dans l'enceinte où il siégeait, cet abandon au dehors, l'attristaient jusqu'à travers ses plus éclatants triomphes.

Le parti qui lui fournissait le plus constant et le plus efficace appui dans les questions religieuses était assurément le parti légitimiste; mais il ne s'entendait alors avec ce parti, ni sur le passé, ni sur l'avenir politique de la France; dans le présent même, les légitimistes n'accueillaient pas le gouvernement nouveau avec la même humeur que M. de Montalembert. En pouvait-il être autrement? Non seulement la révolution de Février les avait vengés de la révolution de Juillet, mais, de plus, elle leur avait ouvert la vie publique, longtemps fermée; enfin, comme elle laissait le sort de la France en suspens, elle leur avait rendu l'espoir. Sans accepter donc comme définitif le régime républicain, ils le supportaient moins impatiemment que d'autres conservateurs; surtout ils n'étaient pas disposés à en sortir n'importe comment. Vainement donc la droite, vainement la majorité tout entière pro-

diguaient à M. de Montalembert les applaudissements : dans cette Chambre, si différente de
celle où s'était épanouie sa jeunesse, il se sentait, au fond, mal à l'aise et comme dépaysé.
Parmi les traverses de la vie publique, une
qualité lui manqua toujours, et à cette époque
plus que jamais peut-être : ce n'était certes ni
le désintéressement, ni l'intrépidité, ni l'audace,
c'était la sérénité, qualité difficile à concilier
sans doute avec la passion, mais utile pour
voir clair au milieu de l'orage.

Dans l'orage de 1848, une double tâche
incombait aux hommes qui montaient le vaisseau de l'État : le préserver du naufrage, le
conduire au port. Pour remplir la première
tâche, ils s'accordèrent ; c'est pourquoi ils réus-
sirent. Mais quand il fallut choisir le port, ils
se divisèrent, c'est pourquoi ils échouèrent. Le
dernier effort qu'ils aient tenté en commun
avait pour objet la réforme du suffrage universel. Comme de coutume, M. de Montalembert y participa, avec plus de résolution que de
confiance. Parce qu'il avait fallu « respecter les
entraves mises par la Constitution », il reconnaissait que la réforme proposée risquait

d'être inefficace et ce qu'il en attendait pour
le parti de l'ordre, c'était moins « un résultat
pratique, qu'une victoire morale [1]. » Efficace
ou non, la loi votée le 31 mai 1850 n'était
pas destinée à s'appliquer. Le gouvernement
qui avait consenti à la présenter eut bientôt
d'autres visées ; aucune mesure ne devait être
prise pour régler le suffrage universel, pour le
rendre capable de discernement et d'indépendance. Par un élan irrésistible, ce suffrage
avait porté à la présidence de la République
le neveu de l'Empereur et vers lui, vers son
pouvoir se tournaient les hommes les plus impa-
tients d'échapper à l'incertitude et au trouble
du régime républicain. Entre un tel élu du
peuple entier et le Parlement divisé, le conflit
était presque inévitable. Dans ce conflit on vit,
non sans surprise, M. de Montalembert, se
détachant de ses alliés, de ses pareils, prendre
parti pour l'adversaire du Parlement. Il faut
indiquer ici par quels motifs il s'y détermina,
dans quelle mesure et pendant combien de
temps.

1. Discours du 22 mai 1850, t. III. p. 426.

IV

En attaquant le radicalisme et le socialisme, M. de Montalembert n'avait pas abandonné la cause de la liberté : il estimait, au contraire, la défendre contre la plus violente et la plus avilissante tyrannie. Aussi, disait-il, dans son discours sur la licence des journaux : « Il faut sauver la société et avec elle la liberté, non pas elle sans la liberté. » Tel était son vrai dessein. Toutefois, il ne pouvait le méconnaître : c'était à l'abri de la liberté politique, au moyen de la parole et de la presse laissées sans contrainte, c'était à travers la guerre, sans mesure et sans merci, déclarée au pouvoir, que s'étaient propagés les fléaux qui mettaient la société en péril. De là, au sein de cette société menacée, un effroi instinctif et soudain des institutions libres. Cet effroi des honnêtes gens lui paraissait « le plus grand crime des démagogues ». « Vous avez, — leur disait-il, — détrôné quelques rois, mais vous avez bien plus sûrement détrôné la liberté... Vous avez désenchanté le monde de la liberté[1]. » Désenchantement qu'il pardonnait d'autant moins à ceux qui l'avaient causé, qu'au fond lui-même en était atteint. A cette liberté, « idole de son âme », ainsi qu'il l'avait appelée naguère, il ne retirait pas son hommage ; mais le charme était rompu. S'il la considérait toujours comme la « sauvegarde de la vérité, de la dignité et de l'honneur dans les démocraties[2] » ; il avait cessé de croire qu'elle pût se suffire à elle-même, se contenir et se corriger par sa propre vertu, et surtout il ne jugeait plus la France nouvelle résolue à la conserver et capable de la pratiquer constamment. De là découlait à ses yeux la nécessité, non pas d'un despotisme définitif, mais d'une dictature transitoire.

Il était dans cette disposition, quand, le 10 décembre 1848, le peuple dut élire le président de la République. Entre les deux candidats qui se disputaient cette élection, les conservateurs capables de réfléchir, les chefs du

1. Discours du 19 octobre 1349.
2. *Des Intérêts catholiques au* XIXe *siècle*. Chapitre IV. (Septembre 1852.)

parti de l'ordre comme on disait alors, balan-
çaient. Le général Cavaignac se présentait avec
un titre incontestable : le service qu'il venait de
rendre à la société menacée ; le prince Louis-
Bonaparte avait pour lui son nom, un nom
qui séduisait la foule et semblait, entre tous,
redoutable à l'anarchie. Mais l'entourage de
l'un et les antécédents de l'autre donnaient
prise à l'inquiétude. Le frère du général,
Godefroy Cavaignac avait figuré, sous Louis
Philippe parmi les plus ardents révolutionnaires et laissé des amis dont le vainqueur de
l'insurrection de Juin ne savait ni ne voulait
se séparer. Le prince s'était lui-même associé,
dans sa jeunesse, aux soulèvements italiens
contre le Saint-Siège et avait eu son propre
frère tué à ses côtés dans les rangs des rebelles.

M. de Montalembert délibéra sur le parti à
prendre avec les catholiques, prêtres ou laïques,
les plus accrédités. Il leur proposa, il leur fit
adopter la résolution d'entrer en négociation,
et comme en marché, avec les deux concur-
rents à la fois, de poser des conditions à l'un
et à l'autre et de donner la préférence à celui
qui offrirait le plus de gages. Cette résolution

de *neutralité armée* fut annoncée par une circulaire du Comité qu'avait formé jadis et que continuait à présider M. de Montalembert, le *Comité pour la défense de la liberté religieuse*[1].

Auprès du général Cavaignac, les catholiques eurent pour intermédiaire et pour interprète son ami M. de Corcelles. Cavaignac se refusa à tout engagement. Un projet de loi établissant la gratuité et l'obligation de l'enseignement primaire avait été présenté par M. Hippolyte Carnot, alors qu'il était ministre de l'instruction publique. Les catholiques s'en alarmaient et, quoique M. Carnot fût tombé du ministère, le général ne consentait pas à retirer ce projet ; il se prêtait seulement à l'ajourner[2].

Quant à Louis Bonaparte, pressé par un de ses affidés, M. Boulay de la Meurthe, de conférer directement avec lui, M. de Montalembert l'entretint en effet pour la première fois, le 30 octobre, et il sortit de cet entretien favorablement disposé. « Je ne conçois pas, — écrivait-il alors, — d'où lui vient sa réputation d'incapacité. » Cependant sur les questions qu'il

---

1. Carnet 27 et 29 octobre, 1er et 2 novembre.
2. Carnet 1848, 29 octobre.

avait à lui adresser, au sujet de la liberté d'enseignement, et de la liberté d'association, il
n'avait pas obtenu de réponse, il le constatait :
« Il est évident qu'il ne comprend pas toute la
portée de ces questions, mais aussi qu'il n'y
est pas du tout hostile. Il me promet d'y réfléchir sérieusement pour son futur programme[1]. »
Plus tard, après avoir approché davantage le
neveu de l'empereur, M. de Montalembert
devait reconnaître que ses opinions, d'ailleurs
assez incertaines, sur le régime qui convenait
le mieux à l'enseignement, ne différaient guère
du sentiment de son oncle : il aurait, nous le
verrons plus loin, concédé au clergé un monopole, plus volontiers qu'accordé la liberté[2].

Quoi qu'il en soit, Louis-Napoléon savait désormais quelle satisfaction les catholiques réclamaient à l'intérieur du pays. Au dehors, en
face de la révolution romaine et de sa victoire,
ce qu'ils souhaitaient venait aussi d'être attesté
du haut de la tribune par M. de Montalembert.
Il inscrivit donc, en termes formels dans son
manifeste, la liberté d'enseignement et, par une

1. Carnet, 1848, 30 octobre.
2. Carnet, 1851, 18 décembre.

lettre publique adressée au nonce à Paris, il se
prononça nettement pour le rétablissement du
pouvoir temporel. De tels engagements, tandis
que le général Cavaignac persistait à ne rien
promettre, déterminèrent la plupart des catholiques et M. de Montalembert à leur tête.
Comme l'avaient fait avant lui M. Thiers et
M. Molé, il se déclara pour le candidat qui
devait l'emporter, et quand en effet, Louis-
Napoléon réunit plus de cinq millions de suffrages, il se réjouit d'un tel triomphe, il le
salua comme une revanche de la révolution de
Février, comme un démenti infligé aux vainqueurs de cette journée, à ses yeux à jamais
néfaste.

L'élection du 10 décembre donna encore à
M. de Montalembert une autre satisfaction.
Pour préparer la liberté d'enseignement,
l'homme qu'il désirait le plus voir aux affaires,
M. de Falloux y fut appelé. Quant à lui-même,
il fut à son insu proposé par M. de Falloux
pour l'ambassade d'Angleterre et désigné d'un
commun accord par le Gouvernement, que cette
nomination devait honorer. Mais lord Palmerston se souvenant de l'invective, lancée du haut

de la tribune de la Chambre des pairs contre
sa politique révolutionnaire en Europe, refusa
d'agréer un tel choix, et il n'en fut plus
question[1]. De l'avènement de Louis-Napoléon
au pouvoir, M. de Montalembert ne devait
retirer pour lui-même, en aucun temps, aucun
avantage.

Au début du nouveau gouvernement, il lui
sut gré du bien qu'il faisait ou laissait faire;
de la résistance à la démagogie, de l'expédition
de Rome et de la loi d'enseignement. D'ailleurs, dans l'intérêt même de la liberté, il
s'était repenti de l'opposition faite aux gouvernements précédents par les libéraux et pour
son propre compte, sans abandonner aucune des
causes qu'il avait embrassées, il s'était promis
de ne plus les soutenir, désormais, qu'en ménageant le pouvoir établi. Enfin, si l'autorité du
Président rencontrait déjà dans le pays un
appui qui devait bientôt la rendre irrésistible,
à l'intérieur du Parlement, en face des partis
coalisés, elle était loin de prévaloir; en se prononçant pour elle dans les débats parlemen-

1. Carnet, 1848, 26 décembre.

taires, M. de Montalembert pouvait imaginer encore qu'il se rangeait du côté du plus faible. « Me voilà devenu, disait-il dans une de ses lettres [1], la bête noire de la majorité... J'ai reconnu qu'il n'y avait dans le parti que je voulais prendre aucun avantage, aucun agrément personnel à attendre pour moi, mais un devoir laborieux à remplir, je me suis décidé. » Cette lettre était écrite le lendemain du jour où il avait déclaré à la tribune : « Je ne suis ni le garant, ni l'ami, ni le conseiller, ni l'avocat du président de la République ; je suis simplement son témoin, et je viens lui rendre témoignage, devant la justice du pays, qu'il n'a démérité en rien de cette grande cause de l'ordre que nous avons tous voulu servir... Il pourra un jour me faire rétracter le témoignage que je lui rends... Mais je vous en conjure, — continuait-il en s'adressant à la fois aux deux pouvoirs, — cessez cette guerre qui ne peut profiter qu'à nos ennemis communs [2]. »

On touchait alors au moment où l'Assemblée devait examiner s'il y avait lieu de reviser

1. Au comte Félix de Merode, 11 février 1851.
2. Discours du 10 février 1851. T. III, p.539.

la Constitution républicaine. Comme ce débat venait de s'ouvrir, le général Cavaignac disait à M. de Montalembert, dans la Commission où ils siégeaient ensemble : « Je n'ai été pour vous qu'un expédient et Louis Bonaparte aussi n'est pour vous qu'un autre expédient. » A quoi M. de Montalembert répondait : « Vous avez parfaitement raison : en politique et dans un pays comme le nôtre, je ne connais et je n'adopte que des expédients [1] ». En cela, son sentiment n'était que trop conforme à celui de la nation même; ballottée depuis soixante ans de révolution en révolution, elle avait cessé de croire, soit en l'hérédité royale et ne souhaitait pas la rétablir, soit en sa propre souveraineté et n'aspirait qu'à l'abdiquer. La Constitu-

1. Vers la fin de l'Empire, il parut diverses histoires du coup d'État, qui semblèrent aux amis de M. de Montalembert devoir amener de sa part des rectifications. Pour se conformer à leurs conseils, il traça le récit de sa conduite, depuis le début du conflit de l'Assemblée avec le président, jusqu'au moment où lui-même se sépara de Louis-Napoléon, après l'avoir soutenu. Il adressa ce récit, le 15 mars 1869, sous forme de lettre, à M. le comte Daru, son ancien collègue à la Chambre des pairs et à l'Assemblée nationale, le témoin et l'ami de sa vie entière. Dans les pages qui vont suivre, je me réfère à cette lettre ou plutôt à ce mémoire, aussi bien qu'aux Carnets et à la Correspondance de M. de Montalembert.

tion qui la régissait alors avait omis de pourvoir à l'avenir. Les deux pouvoirs institués par cette Constitution, pouvoir législatif et pouvoir exécutif, devaient expirer ensemble et à bref délai, en 1852. Échéance fatale qui provoquait et autorisait toutes les craintes. Si le suffrage universel, mal réglé et mal dirigé, se laissait surprendre par le radicalisme et le socialisme ; si les « rouges », comme on disait alors, qui prévalaient déjà dans nombre d'élections partielles, l'emportaient dans les élections générales, c'en était fait, pensait-on, de la société française, l'ordre social risquait d'être renversé de fond en comble, et, s'ils ne l'emportaient pas, un soulèvement se préparait, une insurrection, dont les journées de Juin à Paris avaient paru le sinistre présage, menaçait d'éclater d'un bout à l'autre du territoire.

Dans cette extrémité, à quel expédient devaient recourir les hommes qui ne plaçaient pas en politique un principe inviolable au-dessus des circonstances ? La maison de Bourbon restant divisée, la monarchie n'était pas prête à s'offrir au pays. Une seule issue semblait s'ouvrir : la prolongation des pouvoirs du

président et cette issue, la Constitution la fer-
mait : elle interdisait de réélire le président
en exercice. Pour sortir légalement de l'im-
passe, il fallait donc reviser la Constitution.
Mais là encore le passage était barré : aux
termes de cette Constitution, la résolution de
la reviser n'était valable que si elle réunissait
dans l'Assemblée législative les trois quarts des
suffrages. Vainement donc quatre-vingts conseils
généraux demandèrent la revision; vainement
M. de Montalembert, de concert avec le duc
de Broglie, la proposa et quatre cent quarante-
six représentants la votèrent; il suffit que
deux cent soixante-dix-huit la repoussassent;
la minorité, en cette conjoncture, faisait la loi à
la majorité.

Fallait-il s'arrêter définitivement devant un tel
obstacle? M. de Montalembert ne le pensa pas.
Tout d'abord, il présuma que le président, déclaré inéligible par la Constitution, serait néanmoins réélu par le peuple, et comme une Constitution, fondée sur la souveraineté du peuple,
n'avait à ses yeux ni le droit ni le moyen
d'empêcher cette réélection, il se montra d'avance
prêt à la reconnaître et l'approuver. Toutefois,

ce n'était ni sans conditions ni sans appréhensions qu'il se ralliait de la sorte à Louis Bonaparte. Quand celui-ci, briguant la faveur populaire, résolut de poursuivre l'abrogation de la loi du 31 mai, votée seize mois auparavant avec son concours, M. de Montalembert, éloigné de Paris durant les vacances de l'Assemblée, lui écrivit : « Je vous conjure de vous arrêter... Je vous conjure de ne pas achever la désorganisation de ce malheureux parti de l'ordre, que tout le monde sacrifie, et de ne pas désespérer les honnêtes gens qui ont mis leur confiance en vous... Vous allez peut-être me condamner à devenir votre adversaire, ma conscience me défend de vous quitter sans vous donner une dernière preuve de mon attachement... A tort ou à raison, la loi du 31 mai est regardée comme le drapeau du parti de l'ordre... N'est-il pas à craindre que bientôt il ne reste autour de vous pas un seul homme considérable et respecté [1] ? »

L'Assemblée s'étant réunie de nouveau, la lutte avait repris plus aiguë que jamais entre

---

1. La Roche-en-Brenil (Côte-d'Or), 17 octobre 1851.

les deux pouvoirs. Déjà, de part et d'autre, on
invoquait la force armée ; les questeurs, chargés
de pourvoir à la sûreté de l'Assemblée, reven-
diquaient à grand bruit le droit de requérir
des troupes pour la défendre, et le ministre
de la guerre en préparait en secret pour l'attaquer. La guerre civile semblait imminente.
D'accord avec quelques collègues, jaloux comme
lui de la conjurer, M. de Montalembert fit un
pas de plus : un plan de conduite, qui semblait
propre à satisfaire le président en même temps
qu'à maintenir le régime parlementaire, fut
convenu ; la revision de la Constitution allait
être de nouveau proposée à l'Assemblée, en
déterminant sur quels points cette revision
devrait porter, à savoir : la réélection du chef
du pouvoir exécutif et le partage du pouvoir
législatif en deux Chambres. Si, une fois encore, la proposition, votée par la majorité des
représentants, ne réunissait pourtant pas le
nombre des suffrages exigé par cette Constitution qu'il s'agissait de réformer, si une minorité opiniâtre persistait à tenir en échec le vœu
public, alors les auteurs de la proposition, sans
porter atteinte à la liberté de leurs collègues,

étaient disposés à souscrire un appel au peuple ;
ils étaient prêts à prendre de concert avec le
pouvoir exécutif la responsabilité de cette
mesure de salut public. Telles étaient les offres
que M. de Montalembert et deux autres représentants, le vicomte Henri de Mortemart et le
duc de Mouchy, furent chargés de porter à
l'Élysée, dans la soirée du 22 novembre 1851.
A leurs yeux, en associant à l'autorité de Louis-
Napoléon, tout au moins, une portion importante du Parlement, elles avaient le double avantage de confirmer et de limiter cette autorité.
Louis-Napoléon reçut les trois députés, au
témoignage de M. de Montalembert, « avec son
flegme habituel, écouta avec assez de faveur
leurs ouvertures et, tout en restant dans une
réserve bienveillante sur l'avenir, il s'informa
du nombre de représentants qui prendraient
devant l'Assemblée et le public la responsabilité du projet de revision ». « Pour l'éclairer,
ainsi que nous-mêmes sur ce point essentiel,
— continue M. de Montalembert, — nous lui
annonçâmes que nous ferions aussitôt déposer,
dans un des bureaux de l'Assemblée, la proposition officiellement formulée, à l'effet de rece-

voir la signature des membres résolus à demander de nouveau la revision. En sortant je
lui dis : « Souvenez-vous, prince, que les âmes
fières et honnêtes qui vous offrent leur concours,
aujourd'hui que vous êtes le plus faible, n'au
raient plus le même empressement, au lendemain d'une victoire, et pourraient fort bien
alors se refuser au lieu de s'offrir. » Ce furent
les dernières paroles que j'eus l'occasion de lui
adresser, en qualité de représentant du peuple.»

Cependant la proposition, déposée dans un
bureau de la Chambre, avait réuni dès le 30 novembre cent soixante signatures ; le moment
semblait venu de concerter avec le président
une action commune. Au nom de ses collègues,
M. de Montalembert lui écrivit ce jour-là même
pour lui demander une nouvelle entrevue. Il
attendait la réponse, quand le coup d'État
s'accomplit.

V

Louis-Napoléon aurait donc pu se maintenir
au pouvoir, en prenant un point d'appui dans

le Parlement ; il ne l'avait pas voulu. Il avait préféré résoudre seul, exécuter sans contrôle, un coup d'État. C'était chez lui une pensée ancienne et invétérée ; c'était aussi, autour du prince, la pensée de ses familiers. M. de Persigny aimait à raconter plus tard qu'après le 2 décembre, au moment où l'émeute commençait dans Paris, il avait trouvé au ministère de l'intérieur, auprès de M. de Morny, la plupart des ministres déconcertés. « C'est comme en 1830, disaient-ils, voilà les barricades qui s'élèvent et nous avons contre nous les hommes les plus considérables de France. » A quoi, il avait répliqué : « Ah ! vous avez contre vous les hommes considérables, eh bien, c'est précisément pour cela que vous réussirez, car ce que la France ne veut pas, ce sont les hommes considérables [1]. »

Il se peut, en effet, que ce mauvais instinct de la multitude ait facilité l'établissement du

---

1. Je rencontrais quelquefois M. de Persigny dans une province à laquelle nous appartenions tous deux : le Forez. Il regrettait sincèrement que l'empereur, en se séparant de M. de Montalembert, ne lui eût pas témoigné plus d'égards, tout en jugeant d'ailleurs la séparation inévitable, et c'est lui qui m'a répété le propos que je cite ici.

nouveau régime. Ce n'est pas impunément,
néanmoins, que le second Empire, à son origine,
a éloigné de lui l'élite de la nation. Cet éloignement, qui devait durer jusqu'à son terme,
a rendu sa politique stérile à l'intérieur et
funeste au dehors.

Quoi qu'il en soit, M. de Montalembert et ses
projets étant mis à l'écart, on a quelque peine
à comprendre qu'il n'ait pas laissé le changement s'accomplir sans y participer. Jusqu'au
coup d'État, sa conduite n'était pas contraire à
ses antécédents. Immédiatement après, elle est
plus difficile à justifier et lui-même l'a promptement regrettée. En apprenant l'événement,
il avait d'abord résolu, sans assumer la responsabilité d'une lutte sanglante, de protester
« contre la dissolution de l'Assemblée nationale ». En conséquence, tandis que deux cent
dix-sept membres de cette Assemblée, ne pouvant pénétrer dans leur palais, se réfugiaient à
la mairie du Xe arrondissement pour proclamer
la déchéance de Louis-Napoléon et contre lui
faire appel aux armes, M. de Montalembert
s'était rendu à une réunion, jusqu'alors favorable à l'Élysée, et dont il était ce jour-là le

président, la réunion de la rue des Pyramides;
là il avait présenté, signé, et fait signer par
ses collègues, sa protestation, et lorsqu'elle eut
recueilli soixante-cinq signatures, il l'avait
portée au président Dupin, qui déclara la
déposer, avec la sienne, aux archives de l'Assemblée. Mais à cet acte, la publicité faisait
defaut; nul journal ne pouvait ou n'osait l'in-
sérer, nul imprimeur, le reproduire et pendant
ce temps, le nom de M. de Montalembert et
de plusieurs signataires était affiché dans
Paris et répandu partout, sur la liste d'une
Commission consultative, désignée par l'auteur
du coup d'État pour lui prêter concours.
Vainement M. de Montalembert et quelques
autres signifiaient-ils leur refus, soit au ministre de l'intérieur qui avait dressé cette liste,
soit au *Moniteur* qui l'avait publiée. « Nous
avons besoin de vos noms et nous les gar-
dons », répondait M. de Morny aux réclamations indignées de M. Léon Faucher.

Dans les mesures prises le 2 Décembre, ce
qui avait le plus blessé M. de Montalembert,
c'était l'emprisonnement de ses collègues, cou-
pables d'avoir tenté de défendre la Constitution

contre le président qui l'avait jurée et la violait. Paris avait vu, d'un œil indifférent et
narquois, les représentants de la nation, les
hommes publics, les plus honnêtes, et quelques-
uns les plus illustres de France, emmenés captifs entre deux haies de soldats de la rue de
Grenelle, où était située la mairie du Xe arrondissement, à la caserne de dragons du quai
d'Orsay et de là, ils avaient été expédiés, les
uns au fort du Mont-Valérien, les autres à
Mazas ou à Vincennes.

En notifiant à M. de Morny son refus de
faire partie de la Commission consultative,
M. de Montalembert avait déclaré qu'il n'ac-
cepterait aucune fonction, quelle qu'elle fût,
tant que ses collègues ne seraient pas en liberté.
A quoi, M. de Morny avait répondu[1] : « Vous
qui avez tant d'esprit, croyez-vous sérieusement à la détention de nos amis ? (c'est ainsi
qu'il nommait encore les députés conservateurs qu'il venait de faire arrêter). Je vous
garantis qu'ils sortiront quand ils voudront ».
Il avait ajouté : « Il n'y a plus en ce moment

1. Billet du 3 décembre 1851.

que le prince et les rouges. Pouvez-vous hésiter ? On se bat au faubourg Saint-Antoine. »

En effet, dès le 4 décembre, les représentants, arrêtés dans la journée du 2, étaient renvoyés de leur prison. Il est vrai que quelques autres, jugés plus dangereux et saisis à leur domicile dans la nuit précédente, sous l'inculpation de complot contre la sûreté de l'État, notamment M. Thiers et les généraux d'Afrique, Changarnier, Bedeau, Lamoricière, n'étaient pas relâchés. Mais dans la liberté rendue presque aussitôt à la plupart des captifs, il était permis de voir un gage que ceux-là non plus ne seraient pas indéfiniment retenus. Le grief allégué par M. de Montalembert se trouvait atténué.

En même temps, le 3 décembre au soir, il apprenait que Paris s'agitait et le lendemain éclatait une insurrection, qui ne devait pas égaler celle de Juin 1848, mais qui la rappelait aux citoyens paisibles et, se joignant aux bruits venus de la province, suffisait à les épouvanter. Pour refouler le désordre, une seule autorité restait debout, celle de Louis-Napoléon : cependant **M.** de Montalembert hésitait encore à s'y rallier.

Dans cette incertitude, il se décida à voir le prince, à l'interroger sur ses intentions ; il se rendit à l'Élysée dans la soirée du 5 décembre, il trouva Louis-Napoléon « aussi calme et aussi flegmatique qu'auparavant, » il l'entendit lui dire : « Ma mission et mon intention sont de rétablir l'ordre dans ce pays. Je veux, autant que possible, si je suis tué, le mettre en état de ne pas retomber sous le joug des démagogues et des journalistes. Vous me reprochez de vouloir faire de l'ordre en invoquant toujours la Révolution. Mais je ne vois dans la Révolution que les faits accomplis et les intérêts nouveaux qu'elle a créés. Quand je lis l'histoire de 1789, je suis pour Louis XVI et Marie-Antoinette, j'aurais voulu être officier aux gardes et me faire tuer pour eux... Je vous assure que rien n'est changé dans mes dispositions à l'égard de la religion et du pape. Je veux leur triomphe, mais je le veux sans aucune des exagérations qui pourraient leur nuire, au lieu de les servir. »

L'évêque de Nantes, monseigneur Jacquemet,

l'ancien grand vicaire qui avait accompagné monseigneur Affre sur les barricades, redoutait que des témoignages d'adhésion, tels que des *Te Deum*, fussent réclamés en l'honneur du coup d'État, et il s'était adressé à M. de Montalembert, pour obtenir que l'embarras de les accorder ou de les refuser fût épargné à l'épiscopat. Le prince s'engagea volontiers à ne rien demander de pareil (il est vrai qu'il attendit le vote du plébiscite pour faire chanter les *Te Deum* ; ils furent différés de vingt-cinq jours). Enfin, comme M. de Montalembert n'avait pas dépouillé les alarmes qui avait inspiré la loi du 31 mai, comme il regrettait que le décret, qui inaugurait la dictature, eût abrogé cette loi et rétabli le suffrage universel sans condition et sans limite, le prince indiqua qu'un tel suffrage lui paraissait nécessaire à l'origine pour fonder un nouveau pouvoir, mais beaucoup moins propre à devenir ensuite un moyen habituel de gouvernement, et, lui répétant un mot qu'avaient déjà recueilli d'autres interlocuteurs : « Je veux bien, lui dit-il, être baptisé, mais ce n'est pas une raison pour vivre toujours dans l'eau. »

M. de Montalembert sortit de l'Élysée encore perplexe et irrésolu. Dans cet état d'esprit que jusqu'alors il ne connaissait pas, il cherchait de divers côtés des avis capables de lui inspirer confiance, et ces avis étaient contradictoires. Les hommes d'Église les plus rapprochés de lui à cette époque, l'évêque d'Orléans et le Père de Ravignan, aussi bien que le Père Lacordaire et M. Foisset, le détournaient de se rallier à Louis-Napoléon. Presque tous les évêques l'y poussaient. La plupart des hommes politiques qui n'étaient pas mêlés au conflit, et notamment M. Guizot, l'y engageaient également. Les étrangers qu'il pouvait interroger, le nonce apostolique, son ami Donoso Cortès alors ambassadeur d'Espagne, se prononçaient de même façon ; madame Swetchine ne concevait pas qu'il balançât. Il y avait pourtant, au delà de notre frontière, un homme qui professait un tout autre sentiment, c'était à Bruxelles, son beau-père, le comte Félix de Merode : ayant vécu en France sous le premier Empire, il en avait gardé une incurable méfiance contre les Bonaparte et il écrivait à cette époque au roi des Belges, Léopold Ier : « Grâce aux révolutionnaires

de tous les pays, beaucoup de Français regardent
Napoléon comme un sauveur ; mais quand on
est sauvé de la sorte, il n'y a pas lieu d'être
fier, eût-on conquis le monde ».

Ce qui décida M. de Montalembert à se rallier à ce « sauveur », ce fut l'insurrection en
province. A Paris on a pu alléguer plus tard,
ce qu'au premier moment on savait mal démêler, que l'émeute avait été, sinon excitée, du
moins exagérée par les complices du coup d'État,
intéressés à l'effroi public, et il est en tout cas
difficile de contester que la répression ait été
plus violente et plus sanglante que ne le com-
portait l'agression. Mais en province, il en alla
tout autrement. Là, l'insurrection était préparée de longue main, pour l'échéance de 1852 ;
le coup d'État en avait seulement précipité
l'explosion, et cette insurrection, sans se soucier
de la Constitution violée ni de l'ordre politique
quel qu'il pût être, s'attaquait à l'ordre social ;
elle était prête à massacrer pour piller. Surprise et devancée par le pouvoir au 2 Décembre,
elle n'éclata pas partout à la fois ; elle s'alluma
pourtant dans plusieurs départements: la Nièvre,
l'Hérault, la Drôme, le Var, les Basses-Alpes

et là, saisissant comme otages des prêtres et des
propriétaires, assassinant des gendarmes et des
citoyens paisibles, elle montra de quoi elle
était capable [1].

La guerre sociale ainsi engagée, de quel côté
fallait-il se ranger ? Rester neutre et se réser-
ver, ne pas prendre parti, rien ne répugnait
davantage au caractère de M. de Montalembert.
Revenant sur son précédent refus, il consentit
à laisser son nom sur la liste rectifiée et com-
plétée de la Commission consultative, laquelle
d'ailleurs ne fut jamais consultée. Il alla plus
loin. Quand le président demanda au peuple
de ratifier le coup d'État, en lui conférant pour
dix ans le pouvoir exécutif et en lui confiant le
soin de dresser une constitution, quand le
peuple convoqué dans ses comices dût répondre :
oui ou *non*, M. de Montalembert, consulté de
divers côtés, conseilla aux catholiques de ne pas
s'abstenir et de dire *oui*. « Voter pour Louis-
Napoléon, — écrivit-il dans une lettre publique
en date du 12 décembre 1851, — ce n'est pas

1. Ces mouvements ont été décrits avec exactitude et impar-
tialité par **M.** Pierre de Lagorce au cours de son excellente
Histoire de la seconde République, t. II, pp. 542, 598.

approuver tout ce qu'il a fait, c'est choisir entre lui et la ruine totale de la France. **Mon choix est fait.** »

Cette déclaration devait longtemps lui peser et, pas un seul jour, elle ne lui profita. Tandis qu'elle froissait les vaincus, elle ne l'accrédita guère auprès du vainqueur. « La Providence, — lui écrivait l'évêque de Nantes, — vous a conduit par la main là où vous êtes, pour y être toujours le défenseur de la liberté religieuse et de la liberté d'enseignement. » Telle était alors la pensée commune de l'épiscopat. M. de Montalembert n'entendait pas manquer à cette mission ; ce fut avant tout pour la remplir que, dans les jours qui suivirent le coup d'État, il aborda à plusieurs reprises Louis-Napoléon ; mais sans succès. A mesure que le pouvoir du nouveau maître de la France s'affermissait, il tenait moins de compte des conseils désintéressés « Il ne me consulte sur rien, — écrivait à la fin de décembre, M. de Montalembert, — mais je m'appelle moi même et je lui dis tout ce que je pense sur sa situation et celle du pays. Il m'écoute avec bienveillance et attention, mais se laisse rarement ébranler. Je persévère toutefois dans ce système, quelque fatiguant et stérile qu'il soit, afin de pouvoir dire : *Libe-ravi animam meam.* [1] »

En ce qui concerne l'enseignement, M. de Montalembert ne reçut que de vagues assurances, il trouva même un jour le prince, plus disposé à en confier le monopole au clergé, qu'à maintenir la libre concurrence, et il dut repousser, pour sa part, un projet qu'il avait toujours estimé funeste à la religion. En ce qui concerne l'indépendance de l'Église, il obtint moins encore. La dictature avait bien pu rendre au culte le Panthéon ; mais quand M. de Montalembert proposa d'abolir les articles organiques ajoutés au Concordat, d'affranchir ainsi, soit les relations du clergé français avec le Saint-Siège, soit les assemblées ecclésiastiques à l'intérieur de la France, quand il réclama en outre la liberté de l'enseignement supérieur, quand il remit au prince, à cet effet, deux projets de statuts à promulguer, en même temps que sa constitution, le prince, sans examiner lui-

---

1. Lettre au comte Félix de Merode, 27 décembre 1851.

même ces projets, les abandonna à son ministre des cultes, M. Fortoul et à son conseiller habituel, M. Troplong, résolus d'avance à n'en pas tenir compte. M. de Montalembert comprit qu'il était éconduit et, à partir du 26 décembre, trois semaines environ après le coup d'État, il cessa de venir à l'Élysée.

Ce n'est pas d'ailleurs que, dans ses entretiens avec Louis-Napoléon, M. de Montalembert n'eût songé qu'à l'Église ; il avait au contraire pris soin de rappeler au dictateur, qui préparait son règne, les conditions du Gouvernement représentatif, mais sans aucune chance d'être écouté. La dictature trouvait bon de se perpétuer, le pouvoir nouveau entendait s'exercer sans contrôle et sans contrepoids. La Constitution, publiée le 14 janvier 1852, le montra définitivement à M. de Montalembert. Déjà, quatre jours avant, à la détention provisoire de quelques citoyens illustres avait été substitué leur exil arbitraire et indéfini. Trois jours après, le 17 janvier, le décret sur la presse livrait les journaux au bon plaisir de l'administration. Chaque jour, survenait une mesure qui révoltait M. de Montalembert. Enfin, le 23 janvier,

la confiscation des biens de la maison d'Orléans
mit le comble à son indignation. Dès lors il ne
pensa plus qu'à se dégager de tout contact
avec un gouvernement qui violait à la fois la
liberté et la propriété et, de même qu'il avait
marqué son adhésion en consentant à donner
son nom pour la Commission consultative, il
signifia sa rupture en le retirant.

Auparavant, il avait refusé un siège au Sénat,
que M. Fould, alors ministre des finances,
était venu lui offrir au nom du prince. Il
accepta seulement d'entrer au Corps législatif,
estimant que le débat des affaires publiques
ne doit jamais être déserté et n'apercevant pas
d'autre enceinte où il put y prendre part, sans
se lier les mains.

Aux termes de la Constitution de 1852, trois
assemblées délibérantes devaient concourir, avec
le chef de l'État, à l'établissement du budget et
des lois : le Sénat et le Conseil d'État, nommés
par le prince et largement dotés ; le Corps
législatif, nommé par les électeurs et qui d'abord
ne fut pas rétribué. En dépit des précautions
prises pour amoindrir cette dernière Assemblée,
M. de Montalembert espéra, un moment, que

l'élection et la gratuité lui vaudraient quelque crédit et quelque indépendance. Il eut même l'imprudence d'exprimer cet espoir dans un discours que le prince entendit. Étant venu ce jour-là, comme par hasard, assister dans une tribune à la séance, il dit en sortant : « Je vois où est la lézarde de l'édifice » et, quelque temps après, les députés reçurent un traitement. La gratuité du mandat législatif était d'ailleurs peu compatible avec les exigences d'une société démocratique, elle cessa donc ; et, d'autre part, la liberté ne fut pas rendue à l'élection des dé- putés, ni la publicité, à leurs délibérations : un compte rendu souvent infidèle, habituellement tronqué, et toujours insipide, put seul paraître.

Dans ces conditions, l'effort de M. de Mon- talembert pour communiquer la vie à l'Assem- blée où il avait pris place, fut vain. Au début, quelques voix libres se faisaient encore écouter. M. de Kerdrel, dans un langage « adroit et incisif », avait pu dire « avec mesure et vérité » soit sur les élections, soit sur le budget, ce qui méritait d'être dit [1]. M. de Montalembert lui-

______

1. Carnet, 1852, 2 avril, 22 juin.

même n'avait pas manqué de protester contre la confiscation des biens d'Orléans. Plus tard, il devait combattre la loi de la dotation de l'armée, prévoyant de loin que cette loi nous affaiblirait un jour. Mais sa parole se heurta bientôt, dans l'intérieur de la Chambre, à une insurmontable défiance, tandis qu'elle restait sans écho au dehors. L'impuissance de leur opposition rebuta les collègues qui auraient pu s'associer à lui; les uns, tels que M. de Kerdrel, se retirèrent à la proclamation de l'Empire, les autres courbèrent la tête. Lui-même, au bout de quatre ans, sortit de cette Chambre où il ne respirait plus; pourtant il n'en sortit pas de son plein gré; sentinelle perdue dans la nuit, il se croyait tenu de rester à son poste. Les électeurs l'en relevèrent; aux élections de 1857, un chambellan lui fut préféré.

« Nul ne saura, — écrivait-il plus tard, — ce que j'ai souffert dans cette cave sans air et sans jour, où j'ai passé six ans à lutter contre des reptiles. » Puis après six autres années, en 1863, quand l'air et le jour pénétrèrent de nouveau dans l'enceinte où il n'était plus, quand la voix des orateurs cessa d'être étouffée et que la

France se reprit à les écouter, quand la tribune se releva, quand les émules de **M.** de Montalembert, Thiers et Berryer y reparurent, lui n'y revint pas. Dans ce pays où l'Église lui devait la liberté de l'enseignement et le rétablissement du pape à Rome, il ne se trouva pas de collège pour l'élire. Son séjour au Corps législatif, tandis que ce corps était sans vie, avait été une sorte d'ensevelissement prématuré. En réalité, sa carrière politique s'était close au 2 Décembre et ne devait plus se rouvrir.

Parmi les hommes publics ses pareils, seul il avait paru favorable ou, pour parler plus vrai, indulgent au coup d'État, et il était destiné à en ressentir l'atteinte plus longtemps, plus durement qu'aucun autre.

CHAPITRE V

LES DERNIERS ÉCRITS

I

Les hommes publics que le régime impérial
mettait ou laissait de côté, donnèrent alors
un grand exemple et rendirent un rare service : ils restèrent debout et ils travaillèrent.
Dans un pays où la vie politique était éteinte,
ils concoururent à perpétuer la vie intellectuelle. Guizot consacra sa vieillesse à retracer
sa carrière parlementaire, à rendre raison de
sa foi religieuse. Cousin, qui avait grandi à
côté de lui à la Sorbonne, ne revint pas à la
philosophie ; mais il se donna à l'histoire.
Villemain resta fidèle aux lettres. Dans le
même temps, Thiers poursuivait sans se lasser

les annales du premier Empire, décrivant avec
la même abondance d'informations, avec la
même vivacité de couleurs, les triomphes
et les revers. Tocqueville considérait l'ancien
régime et recherchait comment la Révolution
en est sortie. Falloux, retiré aux champs, ne
se contentait pas d'appliquer au progrès agricole l'art de gouverner qu'il ne pouvait plus
déployer ailleurs : héritier des papiers de madame Swetchine, il en tirait des pages exquises
et précieuses aux âmes méditatives. Berryer,
Dufaure, Jules Favre, privés de la tribune,
rapportaient au barreau leur éloquence. Enfin,
un octogénaire, le chancelier Pasquier, rassemblait autour de lui les témoins des régimes
disparus et lui-même mettait la dernière main
à ses Mémoires : témoignage rendu à tout un
siècle. Il n'y eut que les généraux d'Afrique
qui ne trouvèrent pas de métier à exercer au
retour de leur exil et, tandis que leurs compagnons d'armes, leurs cadets, gagnaient des
batailles, restèrent condamnés à l'oisiveté :
encore Lamoricière était-il destiné à couronner
sa carrière par une défaite plus héroïque que
tous ses exploits ; et Changarnier, à reparaître

au milieu de nos désastres, toujours ardent,
fier et vaillant.

Dans cette pléiade des disgraciés et des
vaincus, dans ce concert des voix libres, M. de
Montalembert devait prendre place : il n'y
manqua pas. A peine remis de la secousse du
coup d'État, il écrivit son livre : *Des intérêts
catholiques au XIXe siècle*. Au terme de sa carrière oratoire, sur le seuil de sa retraite, ce
livre est, en ce qui le concerne, une sorte de
testament politique ; en ce qui concerne l'Église,
la conclusion d'un demi-siècle de son histoire,
marqué par une renaissance religieuse en
Europe.

Ce fut M. Foisset qui décida l'auteur à publier cet écrit et peut-être est-ce ici le lieu
d'indiquer, quelle part eut aux travaux de
M. de Montalembert ce conseiller fidèle, que
nous avons déjà nommé plus d'une fois. Longtemps simple juge d'instruction dans un modeste tribunal de Bourgogne, à Beaune, appelé,
grâce au crédit de M. de Montalembert, en
1850, à la Cour de Dijon et n'ayant jamais
quitté sa province, M. Foisset entretenait commerce avec les catholiques les plus considéra-

bles de son époque, prêtres ou laïques, et parmi eux faisait autorité. Austère et laborieux comme les magistrats de vieille roche, versé comme eux dans la connaissance des lettres classiques, aussi bien que de l'histoire et du droit ecclésiastiques, mais fort éloigné de leurs opinions gallicanes, il avait l'œil ouvert sur tous les débats religieux de son temps. A l'école de droit de Dijon, il s'était lié avec Lacordaire avant que Lacordaire fût chrétien, l'avait discrètement incliné à le devenir, et depuis lors, l'ayant suivi d'un regard attentif, parfois inquiet et toujours tendre, à toutes les étapes de sa brillante et édifiante carrière, il était destiné à lui survivre, pour être son historien. Les relations de M. Foisset avec M. de Montalembert avaient commencé plus tard. En 1837, à la suggestion de son ami Lacordaire, le magistrat chrétien avait écrit au jeune pair de France, pour faire parvenir jusqu'au roi Louis-Philippe les doléances du diocèse de Dijon, qu'affligeait alors une mauvaise administration épiscopale, et pour solliciter à ce sujet l'entente du gouvernement français avec la Cour de Rome.

L'année suivante, M. de Montalembert, qui songeait déjà à écrire la vie de saint Bernard, vint
chercher à la campagne M. Foisset, pour visiter
avec lui dans le voisinage les ruines de Citeaux,
et, à partir de cette première entrevue, il s'accou-
tuma à le consulter. Vers la fin de 1843, lorsqu'il ouvrit la campagne pour la liberté d'enseignement en lançant de Madère un appel aux
catholiques, il fit adresser à M. Foisset les
épreuves de sa brochure et, les ayant reçues,
dans l'île lointaine, chargées de remarques et
de corrections : « Je n'aurais jamais osé m'attendre, — écrivait-il aussitôt, — à cette sollicitude
affectueuse et minutieuse qui porte à chaque mot
la trace d'un attachement en quelque sorte maternel... Savez-vous la tentation à laquelle vous
m'exposez par tant de dévouement et de complaisance ? A celle de ne rien publier sans vous
le soumettre d'avance. Ce serait à coup sûr
vous condamner à une bien rude corvée[1]. »

M. de Montalembert céda à la « tentation »
et M. Foisset ne refusa pas « la corvée ». Tout
ce qui est sorti depuis ce moment de la plume

1. Madère, 11 novembre 1843.

de M. de Montalembert a passé, avant de paraître, sous les yeux de M. Foisset ; l'auteur n'a pas toujours suivi les conseils du critique ; mais il n'a jamais manqué de les rechercher. L'écrit sur le *Devoir des catholiques*, qui avait inauguré les grandes conquêtes, avait été corrigé par le juge de Beaune ; l'écrit sur les *Intérêts catholiques*, qui en a marqué le terme, a vu le jour à l'instigation du conseiller de Dijon. Je lis dans le Carnet de M. de Montalembert, à la date du 18 octobre 1852 : « Une lettre de Foisset à qui j'avais remis le soin de décider... met un terme, non à mes inquiétudes, mais à mes hésitations. Il est tout à fait pour la publication, il dit que ce sera surtout un acte, une protestation, que l'opportunité est là : *Tempus loquendi*. Mais il ajoute que je dois me résigner à un *insuccès* complet... A six heures j'expédie à Lecoffre [1] l'ordre de publier [2]. »

Le livre des *Intérêts catholiques*, en effet, au

1. Éditeur de M. de Montalembert.

2. M. Foisset a survécu à M. de Montalembert et avant de mourir lui-même, il a donné au *Correspondant*, sur la vie de son ami, une étude trop courte, mais exacte et autorisée, dont nous avons profité.

moment où il parut, semblait mal répondre au
sentiment 'général. L'impuissance des assemblées délibérantes à fixer l'avenir avait lassé
la France; elle cherchait le repos sous un
maître. Moins que tout autre, M. de Montalembert méconnaissait cette fatigue et ce besoin
publics. « A titre d'épreuve utile, de châtiment
mérité, comme régime provisoire, comme re-
mède temporaire », il acceptait la dictature, et
comment ne l'aurait-il pas acceptée alors, sitôt
après en avoir sanctionné l'avènement? Mais
il ne consentait pas à « prendre l'hôpital pour
la terre promise, ni la diète d'u malade pour
la nourriture de la santé ». Or, c'est le propre
de l'esprit français d'imaginer des théories
pour justifier ses penchants, souvent contradictoires, et d'ériger les expédients en systèmes.
Le pouvoir absolu était donc proclamé et pré-
conisé comme définitif, le régime parlementaire
décrié, la liberté politique reniée.

Dans ce dégoût des institutions où la France
avait longtemps mis son honneur, dans cet
abandon de la chose publique à un seul
homme, il y avait de quoi soulever les âmes
fières, inquiéter les esprits prévoyants, et quand

c'étaient des catholiques accrédités qui embrassaient de tels sentiments, qui professaient de telles doctrines dans l'intérêt de l'Église, leur imprudence paraissait à M. de Montalembert égaler leur ingratitude. C'est pourquoi la contradiction qu'il leur opposa, dût-elle être solitaire, fut estimée nécessaire. « On saura, disait-il, qu'il y a eu au moins un vieux soldat du catholicisme et de la liberté... qui en 1852 a protesté contre le sacrifice de la liberté à la force, sous prétexte de la religion. »

C'est alors qu'il énonça en termes formels la pensée qui avait toujours dirigé sa conduite et inspiré sa parole et que nous avons déjà rappelée : à savoir que « la religion a besoin de la liberté ; que la liberté a besoin de la religion », et cette maxime il l'appuya non sur une thèse doctrinale, mais sur l'expérience : il prit à témoin l'histoire du siècle parvenu précisément au milieu de son cours. La même plume, qui avait dépeint l'épanouissement du catholicisme servi par la féodalité au xiiie siècle, représenta la renaissance du catholicisme sauvegardé par la liberté publique dans le xixe. Des deux tableaux, le premier sans doute

est plus magnifique ; mais le second est plus
vivant peut-être, car l'auteur à vécu ce qu'il
retrace.

Au début de notre âge, il fait voir, d'un bout
à l'autre de l'Europe, l'Église en ruine; au sommet de cette Église, le Saint-Siège abattu et
paraissant détruit ; puis à travers l'épreuve, la
vieille foi ressuscitant féconde et bientôt sa
fécondité se mesurant, chez les divers peuples,
au développement des institutions libres. Tandis
que cette foi languit encore dans les pays le
plus longtemps fermés à la contradiction des
doctrines et aux débats politiques, en Espagne et en Italie, il montre les catholiques : en
Angleterre, émancipés par le Parlement à la
voix d'un tribun chrétien, O'Connell ; en Belgique, s'affranchissant eux-mêmes et affranchissant leur patrie ; en Allemagne, réveillés d'un
sommeil, qui durait depuis la guerre de Trente
ans, et qui prend fin après que leur nation a
revendiqué contre Napoléon son indépendance,
quand l'archevêque de Cologne et l'archevêque
de Posen résistent au gouvernement prussien,
quand les simples fidèles s'associent pour se
défendre. Enfin il salue la Papauté relevée et,

dans le déclin des puissances humaines, portant plus haut que jamais son autorité.

Au centre du tableau, ses regards se fixant sur la France, il a devant lui, sur le seuil des carrières libérales, une jeunesse ramenée aux croyances et aux pratiques chrétiennes ; au sommet de la nation, les maîtres de la pensée et de la parole professant ouvertement ou tout au moins respectant sincèrement la religion ; les œuvres laïques de charité et d'apostolat, la Société de Saint-Vincent-de-Paul et la Société de la Propagation de la foi florissantes ; les ordres religieux restaurés et multipliés ; la liberté d'enseignement conquise et mise à profit par l'Église. Voilà pourtant au milieu du siècle quel spectacle offrait la France. Acteur avant d'être témoin, M. de Montalembert avait le droit de demander sous quel régime, par quels procédés, de tels biens avaient été gagnés. Quand donc était survenu dans la société cultivée le changement des idées et des mœurs, sinon depuis que l'Église n'avait plus d'autre appui que la liberté ? Comment avaient été réformées les lois, sinon au moyen des débats parlementaires ? En d'autres temps, sans doute, l'indépendance de l'Église avait trouvé d'autres garanties, et peut-être meilleures, que les institutions représentatives. Mais à l'époque où écrivait M. de Montalembert, à la suite de la Révolution, au sein de la démocratie, qu'avait-on à mettre à leur place, si ce n'est l'omnipotence, sans contrôle, ou de la foule, ou d'un homme ?

Au surplus, une expérience contraire à celle qu'attestait M. de Montalembert commençait. Elle allait se poursuivre plus de quinze ans à peu près sans obstacle. L'avenir devait montrer lequel des deux régimes, celui qu'avait inauguré la Charte de 1814, ou celui qu'établissait la Constitution de 1852, valait mieux, soit pour la religion, soit pour la patrie.

II

Quant à M. de Montalembert, son choix était fait : il se rangeait du côté des vaincus. Toutefois, il eut d'abord quelque peine à se

faire admettre dans leur camp. Ces vaincus
venaient de l'avoir pour adversaire ; durant les
derniers jours du Parlement, sur le terrain où
ils semblaient encore les plus forts, il s'était
tourné contre eux et, même au lendemain de
leur chute, estimant qu'ils l'avaient méritée par
leurs dissentiments et par leur insuffisance à
sauver le pays, un instant il s'était prononcé
pour leur vainqueur.

De là, chez eux, des ombrages et des ressen-
timents qu'il avait à cœur d'effacer ; chez lui,
un mécontentement amer contre ce vainqueur,
qui l'avait déçu, et aussi contre lui-même, qui
s'était laissé décevoir.

Pour comble de dégoût, c'était lui qui avait
accrédité auprès du clergé Napoléon, encore in-
connu et mal affermi, et maintenant, depuis
que Napoléon était tout-puissant et parce qu'il
paraissait bien disposé pour la religion, ce
clergé ne mettait plus de réserve à sa confiance,
ni de mesure à ses hommages. Rien ne répugnait autant à M. de Montalembert que la
bassesse chez les hommes d'église ; combien
donc, lorsqu'il avait lieu de soupçonner que
les têtes qui se courbaient le plus bas avaient

commencé à s'incliner à sa voix, un tel spectacle devait-il lui devenir insupportable ! Dans cette disposition, tous les signes de platitude, toutes les marques de courtisanerie envers le maître ou ses serviteurs l'exaspéraient. Il écrivait, par exemple, en revenant un soir d'automne en 1853 de l'archevêché de Paris, ces lignes, où l'on reconnaîtra que ce n'était pas en vain qu'il se nourrissait alors des *Mémoires de Saint-Simon*.

« Je vais chez l'archevêque qui reçoit à l'occasion de la fête des Écoles, qu'il a instituée et célébrée ce matin à sainte Geneviève, et là, je vois sortir de la salle à manger pour passer au salon, Son Excellence monseigneur le ministre des cultes, la tête dans les nues, le jabot et le ventre en avant, le grand cordon de Pie IX étalé sur son gilet blanc, se dandinant sur l'une et l'autre jambe et passant lentement et fièrement entre deux haies de solliciteurs et de sacristains, qui se plongeaient en révérences et baissaient la tête à la hauteur de son ventre. Ce pédant d'antichambre, ce chien couchant des couloirs de l'Assemblée, que nous avons vu successivement nous lécher les pieds, à nous autres les *Burgraves*[1] de 1849 à 1851, semblait accepter tous ces hommages, comme un homme déjà blasé et repu[2]. »

L'adhésion momentanée de M. de Montalembert à la dictature l'avait rendu d'autant plus impatient de manifester, à tout risque et à tout propos, son opposition au régime impérial.

M. Dupin par exemple, l'ancien président de l'Assemblée législative, l'ancien exécuteur testamentaire de Louis-Philippe, cherche-t-il à rentrer au service du gouvernement qui a chassé l'Assemblée et dépouillé la maison d'Orléans? Fait-il des avances à ce gouvernement, dans un discours qu'il prononce à un comice agricole et qu'il a l'imprudence d'envoyer à son voisin de campagne, M. de Montalembert? Celui-ci, dans sa réponse, témoigne aussitôt sa réprobation « pour un système qui condamne toutes les intelligences au néant, tous les caractères à l'abaissement, toutes les consciences au silence ou à la prévarication ». La lettre montrée à

----

1. On sait qu'on nommait « Burgraves » les chefs de la majorité conservatrice à l'Assemblée législative.

2. Carnet, 1853, 27 novembre.

quelques amis est publiée à l'étranger; le gouvernement s'en offense et veut en poursuivre l'auteur; le Corps législatif dont M. de Montalembert fait encore partie autorise les poursuites. Mais en cette circonstance, les magistrats donnent une leçon aux députés : ils décident que la publication de la lettre incriminée ne pouvant pas être imputée à son auteur, il n'y a pas lieu de le poursuivre; le procès est abandonné.

Cependant M. de Montalembert est mal à l'aise dans un pays où l'on ne peut plus parler haut. De temps en temps, « quand le marasme le gagne... quand il étouffe sous le poids d'une atmosphère chargée de miasmes serviles et corrupteurs, il court respirer un air plus pur et prendre un bain de vie dans la libre Angleterre ». D'un de ses voyages, il rapporte une brillante description des institutions britanniques; à l'encontre des détracteurs du régime parlementaire qui souhaitent et prédisent leur ruine, il atteste « l'avenir politique de l'Angleterre ».

Pendant un autre voyage, le lendemain de la victoire remportée par les troupes anglaises

sur l'insurrection indienne, il assiste dans la
Chambre des communes et dans la Chambre
des lords à un débat sur l'Inde et le gouvernement qui lui convient désormais. Au retour,
il veut faire assister avec lui les lecteurs français
à ce débat, pareil à ceux auxquels lui-même, peu
de temps auparavant, prenait part et qu'écoutait
sa patrie. Dans le tableau qu'il en trace, il ne
manque pas d'opposer « les libertés répudiées
par la France » et florissantes au delà du détroit,
« à l'humiliante tutelle d'un pouvoir sans contrôle, à l'énervante sécurité d'un troupeau doci-
lement indolent». De nouveau, le pouvoir s'irrite
et, cette fois, le procès se déroule devant deux
degrés de juridiction. Condamné par les premiers juges à une peine qui pouvait entraîner,
selon le bon plaisir du gouvernement, la trans-
portation ou tout au moins l'exil, M. de Montalembert trouve peu de jours après, le 2 décembre 1858, dans le *Moniteur*, cette note :
« L'Empereur, à l'occasion de l'anniversaire du
2 Décembre, a fait grâce à **M.** le comte de
Montalembert de la peine prononcée contre
lui. » C'était rappeler qu'il avait contribué à
l'établissement du pouvoir qu'il attaquait. Mais

pour lancer cet épigramme au moment voulu,
il a fallu se hâter à l'excès ; les délais d'appel
ne sont pas expirés. M. de Montalembert en
profite, pour appeler de la condamnation et
surtout de la grâce ; le débat se renouvelle
devant des juges plus indépendants ; la première sentence est réformée et l'empereur, qui
ne veut ni ne peut retirer la grâce repoussée,
n'a plus à faire remise que d'une peine insignifiante.

Ce qui resta de ce procès ce fut la défense.
Les débats de ces sortes d'affaires ne pouvaient
être publiés en France ; mais dans l'étroite enceinte où ils s'agitaient, les vétérans des assemblées parlementaires se pressaient à côté de la
jeunesse libérale ; les avocats parlaient sans
contrainte ; leurs discours, soigneusement recueillis, paraissaient à l'étranger et, rapportés
en France, se distribuaient sous le manteau ;
quelque étincelle des vieilles flammes couvait
sous la cendre. M. de Montalembert avait choisi
pour défenseurs Berryer et Dufaure ; deux
collègues dont le coup d'État l'avait séparé [1].

---

1. Il avait eu même, à cette époque, avec Berryer un démêlé
personnel. Il s'était cru autorisé, par quelques propos de M. de

La plaidoirie de Dufaure, modèle de dialec-
tique incisive et serrée, détermina les juges
d'appel à retrancher de la première sentence
ce qu'elle contenait d'inquiétant. Quant à
Berryer, il prit à tâche « de parler de M. de
Montalembert lui-même, comme il avait le
droit qu'il en fût parlé », d'expliquer « l'identité
de ses convictions à toutes les époques et sous
tous les régimes », et quand le gouvernement
eut jeté dans le débat le souvenir du 2 décembre, ce fut lui, son ancien antagoniste, que
M. de Montalembert chargea d'exposer sa conduite à cette époque, ayant à cœur de la justifier devant les vaincus, bien plus encore que

Falloux, à annoncer que le parti légitimiste et ses chefs étaient
résolus à garder envers le nouveau gouvernement une neutralité
favorable, qu'ils ne recommenceraient pas contre lui la guerre
qu'ils avaient faite au gouvernement de Juillet. Mais Berryer,
qui était parlementaire autant que légitimiste, ne l'entendait pas
de la sorte ; en dépit de la défaite, il ne consentait pas à désarmer ;
dans le scrutin pour le plébiscite, s'il avait conseillé de s'abstenir,
c'était parce qu'il tenait un pareil vote pour illégitime et illu-
soire et comme il ne pouvait alors s'expliquer publiquement, il
avait démenti vis-à-vis de M. de Montalembert, il l'avait sommé
de rétracter une allégation, qu'il avait à cœur de repousser pour
ses amis comme pour lui-même. De là, un mécontentement
réciproque, ce qui n'empêcha, pourtant, ni M. de Montalembert
d'offrir sa cause à Berryer, ni Berryer de l'épouser et de la
soutenir.

devant les juges. Avant d'aller à l'audience, renonçant sur les instances de ses avocats à prendre, dans sa propre cause, la parole, il lui avait écrit : « Je vous remets mon honneur. Il ne saurait être en meilleures mains », et Berryer s'acquitta si fièrement d'un tel mandat, il stigmatisa les procédés impériaux avec tant de hardiesse et de vigueur, que M. de Montalembert « rangea parmi les plus belles journées de sa vie, celle où il avait entendu la voix la plus éloquente de son temps et de son pays justifier son passé, confondre ses détracteurs et réduire au rang d'accusé son tout-puissant adversaire [1]. » Il appela alors un tel défenseur « son vengeur ».

III

Si M. de Montalembert n'avait eu souci que de lui-même et de sa propre attitude, il aurait

1. Lettre à Berryer à la suite du procès. Ce procès et tout ce qui s'y rattache est complètement et fidèlement exposé dans la belle histoire de Berryer par M. Charles de Lacombe.

pu s'en tenir à ses premiers écrits après l'avènement de l'Empire. Désormais, à travers le
épreuves qui menaçaient l'Église et la France
sa responsabilité personnelle était dégagée, l'in-
tégrité de ses opinions, remise en lumière
Dès 1852, aussitôt après la publication de
Intérêts catholiques, Tocqueville lui écrivait
« Votre livre, mon cher Montalembert, m'a
soulagé, il m'a rendu un peu d'air et de lumière... C'est un grand acte, qui mérite la recon-
naissance de ceux qui vous en avaient le plus
voulu après le 2 décembre. Cette lettre perdrait
son mérite à vos yeux, si je n'ajoutais que j'étais
de ceux-là. » Mais Tocqueville remarquait en
même temps : « Tandis que ceux des ministres
de la religion qui se livrent, comme vous le dites
si bien, à un maître qui paraît leur vouloir du
bien, croient remettre la main sur la foule,
les cœurs élevés et droits, les âmes hautes et
délicates, qui approchaient de toutes parts,
s'éloignent, c'est-à-dire que tandis qu'ils sai-
sissent le corps de la société, l'esprit est près
de leur échapper[1]. »

1. Paris, 1er décembre 1852.

Il y avait là un dommage et un péril, que M. de Montalembert voyait aussi nettement que Tocqueville et dont personne, autant que lui, ne devait s'alarmer et souffrir. Bientôt même, le mal s'étendit au delà des limites qui lui paraissaient d'abord assignées. La contagion des passions et des préventions irréligieuses gagna « le corps de la société, la foule ». La presse révolutionnaire dirigea sans contrainte, et non sans succès, contre l'Église les coups dont une discipline rigoureuse garantissait l'autorité temporelle. Rendue suspecte aux amis de la liberté par la confiance soudaine de ses défenseurs dans le pouvoir absolu, la religion perdit, en outre, la popularité qu'elle avait un instant retrouvée parmi la classe ouvrière.

En de telles conjonctures, une protestation solitaire ne suffisait pas. Il importait d'ouvrir un abri aux âmes libres qui voulaient rester croyantes, de ménager pour l'avenir un asile aux espérances déçues et aux convictions désertées. L'école opposée à M. de Montalembert avait un journal qui parlait haut et se faisait entendre au loin, l'*Univers*. M. de Montalembert trouva un refuge dans une revue déjà vieille et que son souffle ranima, le *Correspondant*.

L'origine du *Correspondant* remontait à la fin de la Restauration. En 1828, au moment où le parti libéral arrachait au gouvernement du roi Charles X les Ordonnances, qui bannissaient les jésuites de leurs collèges et leur interdisaient l'enseignement, MM. de Carné, de Cazalès et quelques autres jeunes hommes (mon père, il me sera permis de le rappeler ici, était l'un d'entre eux) avaient fondé cette revue, pour revendiquer au profit de l'Église « la liberté civile et religieuse ». M. de Montalembert, à son début, avant de s'enrôler dans la rédaction de l'*Avenir*, lui avait donné quatre ou cinq articles. Quelques années après la révolution de Juillet, la publication du *Correspondant* avait été suspendue.

En 1844, grâce à la munificence de plusieurs catholiques considérables, le marquis de Vogüé, le marquis de Saint-Seine, il avait reparu sous la direction d'un savant homme, Charles Lenormant, ramené au catholicisme par l'étude de l'histoire et qui avait eu à cœur de combattre pour sa foi, aussitôt après l'avoir embrassée.

Dans la grande campagne engagée à cette époque pour la cause de l'Église, le *Correspondant* avait figuré avec honneur, et depuis lors, il avait subsisté sans faire grand bruit, mais sans se départir, au service de la foi, du respect de la raison, au service de l'Église, du respect de la liberté.

En 1855, M. de Montalembert vint s'installer dans cette revue. Les meilleurs parmi ses compagnons d'armes, depuis Foisset jusqu'à Falloux, ne manquèrent pas de l'y rejoindre. Les deux prêtres qui l'avaient soutenu dans sa vie militante, Lacordaire et Dupanloup, encore que plus d'un dissentiment continuât de les séparer, s'accordèrent à bénir l'entreprise et lui prêtèrent, soit leur concours, soit leurs conseils. Deux hommes nouveaux dans l'armée catholique, le prince Albert de Broglie, Augustin Cochin, se rangèrent à côté de M. de Montalembert et firent là leurs premiers exploits : le prince de Broglie, issu d'une race que l'ancien régime avait rendue illustre, mais qui, à partir de 1789, se sentait appelée à une vie et à une renommée nouvelles; Augustin Cochin, héritier des traditions et des instincts séculaires de la bourgeoisie

parisienne, dont cette même date de 1789 mar-
quait l'avènement et le triomphe. Tous deux
prétendaient servir l'Église, sans abjurer les
idées et les sentiments de la société moderne.
Rapprochés au *Correspondant* et, depuis lors
étroitement liés ensemble, ils étaient les brillantes prémices d'une génération, que le régime
impérial réduisait à cette époque à languir et
qu'on a vu plus tard écartée de sa tâche à peine
commencée. Celui-ci, frappé au cœur par le
désastre de la patrie, est mort prématurément
au moment de paraître et d'agir; celui-là a pu,
il est vrai, monter au premier rang, mais pour
être brisé presque aussitôt. Heureusement, lorsqu'ils entrèrent au *Correspondant*, ils ignoraient
l'avenir et ses déboires.

Dès 1853, M. de Montalembert avait apprécié
le prince de Broglie. « J'éprouve, — notait-il
dans son Carnet en 1853, — une vive émotion
et admiration en lisant le bel article d'Albert
de Broglie contre la polémique de l'*Univers* en
faveur de la révocation de l'édit de Nantes.
Cet article constate à la fois le talent supérieur et le sentiment profondément catholique
de ce jeune et redoutable athlète de la bonne

cause [1]. » Deux ans plus tard, il avait donc mis le plus grand prix à l'associer à son œuvre.

Quant à Cochin, c'était par-dessus tout la charité (ses ouvrages comme sa vie l'attestent) qui l'avait attaché à la foi. Aux pauvres il prodiguait, sans se lasser, le meilleur de ses ressources et de son labeur ; à ses amis il prêtait, sans compter, le meilleur de son talent, jamais mieux inspiré que lorsqu'il travaillait pour autrui. Aussi ne le connaît-on que d'une façon bien insuffisante quand on a lu les livres, d'ailleurs précieux à plus d'un titre, qui portent son **nom**. En maintes occasions, il a suggéré à l'évêque d'Orléans les paroles qu'a prononcées celui-ci, préparé les écrits qu'il a signés, en y jetant çà et là quelques traits, quelques accents qui lui étaient propres. M. de Montalembert lui-même, qui pourtant regimbait à s'approprier le travail d'autrui, a quelquefois eu recours à cette plume facile et dévouée, quand, déjà malade, il était pressé par ses soldats de paraître encore à leur tête. Mais c'est surtout dans sa correspondance qu'excellait Cochin. C'est là

1. Carnet, 1853, 26 novembre.

qu'on verra, quand elle pourra paraître, l'esprit
le plus prompt et le plus souple mis constamment au service de l'amitié, de la bienfaisance
et de la vérité.

Enfin, autour de pareils chefs s'enrôlaient et
s'exerçaient quelques conscrits, plus soucieux
de servir une cause que de s'ouvrir une carrière. Parmi eux, au premier rang se signalait
Léopold de Gaillard, qui avait débuté récemment dans le journal l'*Assemblée nationale* et
devait plus tard diriger le *Correspondant* même.

A la tête de cette milice, la principale tâche
de M. de Montalembert consistait à établir
l'accord, à susciter l'ardeur. Des hommes partis
de camps différents s'étonnaient, en se rencon-
trant près de lui, de penser et de sentir de
même. En rendant largement justice et honneur
aux antécédents de chacun, il les affermissait
dans une confiance réciproque, il les disposait
à une action commune, dont aurait pu profiter
l'avenir.

Dans une période de silence et de sommeil,
les jeunes gens étaient exposés à s'engourdir et
à s'affaisser. Son accueil les relevait à leurs
propres yeux et les réchauffait; il leur tenait

compte du moindre effort ; volontiers il leur
pardonnait tout, excepté la paresse et la peur.
Ceux dont la jeunesse commençait alors sont
vieux maintenant et plus d'un, à travers des
mécomptes répétés, a conservé, au fond de lui-
même, quelque reste de la flamme allumée par
M. de Montalembert.

Quant à lui et sur les questions débattues
avec l'école opposée, il n'avait pas attendu, pour
s'expliquer, que le *Correspondant* relevé par ses
soins lui offrît une tribune ; il avait dit ce qu'il
avait à dire dans son livre des *Intérêts catholiques* et, depuis lors, ses répugnances et ses
alarmes ne variaient plus ; elles ne faisaient
que s'accroître. Au *Correspondant*, elles débordaient à chaque page qu'il publiait. Toutefois
il se tournait de préférence vers les spectacles
qui l'éloignaient d'une époque et d'un pays
où il se sentait las de vivre. Tantôt, il rendait
témoignage aux grands morts dont il avait
suivi la carrière avec admiration, avec amour,
et dont il enviait la tombe ; au-dessus de tous
les autres à Lacordaire, puis à deux héros des
causes vaincues, au champion de la Pologne
opprimée, au défenseur de la Papauté dépouillée,

Ladislas Zamoïski, le général de La Moricière.
Tantôt, suivant une inclination qui datait de sa
jeunesse, il considérait les peuples étrangers :
sans perdre de vue ses anciennes amies, la
Pologne et la Belgique, après l'Angleterre, il
regardait les États-Unis. Ayant d'abord examiné
comment l'aristocratie britannique s'était transformée sans se briser, il observait ensuite comment la démocratie américaine parvenait à se
débarrasser de la plaie de l'esclavage, en sau-
vegardant, à travers la guerre civile, l'unité
nationale : il montrait les deux branches de la
race anglo-saxonne rendues puissantes et pro-
spères par la liberté.

Ainsi le *Correspondant*, à travers la diversité
des sujets qu'il abordait et des écrivains qu'il
rassemblait, formait une école, ayant sa tendance et sa physionomie propres. Du naufrage
de l'*Avenir*, cette école avait recueilli ce qui
méritait d'être sauvé, ce qui devait être redressé.
Entre la société moderne et l'Église, elle recherchait, non ce qui sépare, mais ce qui rapproche.
Elle ne méconnaissait pas, en ce siècle comme
en tout autre, des penchants corrupteurs et
corrompus, irréconciliables avec le christianisme ;

mais à travers l'incertitude des esprits, le trouble des âmes, la mobilité des institutions et des lois, elle discernait des dispositions, en quelque sorte, naturellement chrétiennes ou propres à le devenir et ces dispositions, elle travaillait à les dégager, en les ménageant. S'il lui est arrivé, dans cet effort de conciliation, de dépasser çà et là les justes bornes, il n'est pas moins vrai qu'aussi longtemps que cette école avait prévalu parmi les champions de la foi, il s'était manifesté, dans la philosophie, dans la politique et dans les lettres, un retour, tantôt prononcé, tantôt indécis, mais incontestable, vers la religion. Plus tard, ce mouvement s'est arrêté, l'esprit public a pris un cours contraire. Un tel changement devait affliger des catholiques et il leur était, certes, permis d'en rechercher la cause. C'est à quoi s'appliquait le *Correspondant*.

Cependant il ne faut pas le dissimuler, les opinions que cette Revue professait en matière politique, sans encourir la condamnation, n'obtenaient point alors la faveur du Vatican. Au début de son règne, Pie IX avait voulu émanciper son peuple et l'Italie. A son généreux dessein, avait répondu la plus noire ingratitude : des libertés accordées par lui, la Révolution s'était aussitôt servi pour le renverser et même depuis qu'il était rétabli sur le trône, à la porte de Rome, la monarchie piémontaise employait à battre en brèche le pouvoir pontifical la force qu'elle tirait des institutions représentatives. Il était naturel que le Saint-Père tînt pour suspectes ces institutions et les disputes qu'elles comportent. Les catholiques qui persistaient à les regretter, à les désirer en France, perdirent auprès de lui le crédit qu'ils avaient eu précédemment. L'esprit moderne lui inspira une méfiance dont il ne se départit plus ; il l'étendit jusqu'aux hommes qui, avec l'espoir d'améliorer cet esprit, ne le répudiaient pas et prétendaient même en tirer des ressources, pour la défense de la justice et de la vérité. Cette disposition du Saint-Siège contrista M. de Montalembert et ses amis, les froissa quelquefois, mais ne les détacha pas un instant de sa cause. A cette cause ils consacrèrent, en France, précisément les mêmes armes tournées contre elle en Italie : la presse et le peu de liberté qui, parmi nous, lui restait encore, la tribune quand

elle fut rétablie. Chose digne de remarque :
durant cette période, séparée de nous par des
catastrophes et maintenant bien oubliée, une
majorité parlementaire a rétabli le pouvoir
temporel du pape; l'Empire en a préparé la
ruine. Et sous l'Empire, les anciens chefs du
Parlement ont été les derniers à le défendre,
soit qu'ils eussent à cœur l'indépendance de
l'Église, soit qu'ils redoutassent l'unité italienne,
présage prochain de l'unité allemande. Réduits
à l'impuissance en tout autre débat, dans celui-ci
les consciences catholiques faisant écho à leurs
paroles, ils sont intervenus avec quelque effica-
cité, ils n'ont pas sauvé le pouvoir temporel,
mais ils l'ont prolongé. Lorsque après un long
ostracisme, Thiers et Berryer remontèrent à la
tribune relevée, ce furent eux qui arrachèrent
au ministre de l'Empereur les dernières assurances favorables au Saint-Siège.

M. de Montalembert n'était pas alors avec
eux ; l'arène qui se rouvrait pour ses émules
lui restait fermée. Mais il n'avait pas attendu
jusque-là pour continuer l'effort, jadis triom-
phant, qu'il avait fait, lui aussi, du haut de la
tribune : ne pouvant plus parler, il avait écrit.

En dépit des obstacles et des entraves de toute
sorte, de concert avec ses compagnons d'armes,
dans le *Correspondant*, il avait démasqué le
complot ourdi contre le Saint-Siège. Sa plume
brûlante avait stigmatisé les principaux complices : Palmerston en Angleterre, Cavour au
delà des Alpes; enfin celui sans le concours
duquel rien ne pouvait se consommer, le maître
même de la France, n'était pas resté hors d'atteinte.

Dans cette campagne, d'ailleurs, le *Correspondant* ne marchait pas seul. Hors de leurs rangs,
nous l'avons vu, les catholiques avaient rencontré quelques alliés. Dans leurs rangs divisés
sur d'autres points, ils se montraient unanimes
à défendre le Saint-Siège. Pour avoir publié
une encyclique où Pie IX dénonçait les attentats commis ou préparés contre lui, le journal
l'*Univers* était supprimé. Pendant plusieurs
années la presse quotidienne demeurait interdite
à Louis Veuillot. Devant des alarmes qu'il ne
parvenait pas à calmer, Napoléon III se vit
forcé de suspendre, tout au moins de ralentir,
ses menées souterraines; tout miné qu'il était,
le pouvoir temporel dura vingt ans de plus.

Vingt années qui n'ont pas été perdues : la papauté les a mises à profit pour rassembler les évêques autour d'elle, affermir son autorité spirituelle, la rendre partout présente et capable de survivre intacte, incontestée, à l'écroulement de tout appui matériel. La résistance opposée aux ennemis du Saint-Siège n'a donc pas été vaine, encore qu'elle n'ait point paru victorieuse.

Aussi bien, en la soutenant, M. de Montalembert, selon sa coutume, avait prévu la défaite et cette perspective, loin de le faire reculer, l'avait attiré en avant. « Il se peut bien qu'il périsse ! — écrivait-il dès 1859, — ce vieil et saint édifice qui a résisté depuis onze siècles à tant d'orages ! il se peut que le principat sacré aille rejoindre dans une ruine commune tout le vieux droit de l'Europe, si opiniâtrement attaqué et si maladroitement défendu !... Nul d'entre nous ne lie indissolublement l'existence de la papauté à celle du principat temporel. Quoi qu'il arrive, elle survivra et, avec elle, notre foi et notre filial amour. La Providence saura bien trouver d'autres moyens pour que son indéfectible mission soit accomplie.

» *Fata viam invenient.*

» Mais aussi si l'on détruit cette condition, si ancienne, si utile et si légitime, de la suprême autorité spirituelle; si les souverains et les révolutionnaires se mettent d'accord, les uns pour l'ébranler, les autres pour la renverser, nous aurons toujours le droit de dire, jusque dans la postérité la plus reculée, qu'ils ont mal fait... Ce sera un mauvais but, atteint par de mauvais moyens... Mille voix dans l'Église et dans l'histoire répéteront le *Non licet* de l'Évangile. Entendez-vous: *Non licet?*... Cela n'a pas empêché Hérode de faire ce qui lui a semblé bon; mais après tout qui voudrait avoir été Hérode? Cela n'a pas empêché Pilate de laisser triompher les passions d'un peuple aveugle et coupable, sauf à s'en laver les mains. Mais qui donc voudrait être le Pilate de la papauté? »

IV

Ainsi, dans sa retraite, M. de Montalembert ne cessait pas de flétrir les iniquités triomphantes. Il y avait en lui deux facultés maîtresses qui jaillissaient de la même source : la faculter de s'indigner et la faculté d'admirer. Au déclin de son siècle et de sa propre vie, l'indignation s'exerça sur les hommes et les choses de son temps; l'admiration, pour trouver où se prendre, retourna en arrière et, dans la portion du passé où il était accoutumé à se transporter, dans le Moyen Age, ce fut sur les moines qu'elle se fixa de préférence. Ce fut « dans la bonne et grande compagnie des moines d'autrefois » qu'il reconnut « l'école de la vraie liberté du vrai courage et de la véritable dignité ».

Ces moines d'autrefois avaient été de bonne heure recherchés par lui. A peine avait-il raconté la vie de sainte Élisabeth, qu'il s'était

proposé d'écrire l'histoire de saint Bernard.
Or « si saint Bernard avait été un grand orateur, un grand écrivain et un grand personnage, c'était presque à son insu et bien malgré
lui » ; il avait voulu être et avant tout il avait
été un moine, et moines aussi avaient été
presque tous les grands hommes qui parurent,
à cette époque, « le boulevard et l'honneur de
la société chrétienne ».

Qu'était-ce donc que l'Institut monastique et
d'où procédait-il ? Par quelle voie avait-il été
conduit à la place qu'il avait occupée dans la
chrétienté, et cette place, comment l'avait-il
remplie ?

Les contemporains de M. de Montalembert
l'ignoraient et lui-même confesse qu'au début
de sa jeunesse, ayant déjà voué sa vie à la
cause de l'Église, il ne le savait pas. Mais il
avait voulu l'apprendre, et quand il eut une
fois pénétré sous l'ombre des vieux cloîtres, il
ne s'en détacha point ; à travers les agitations
de sa vie publique, il y revint sans cesse ; cette
vie publique étant terminée, il ne s'en éloigna
plus. Il trouva dans les « entretiens intimes
et prolongés de tant de grandes âmes et d'âmes

saintes », mieux qu'une consolation, « une joie pure et profonde » ; il s'attarda même tellement parmi les ancêtres et les précurseurs de saint Bernard, qu'il n'eut pas le temps d'arriver jusqu'à lui. Son premier dessein avait été de placer, en avant de l'histoire de ce saint, un tableau raccourci des débuts de l'ordre monastique, de sa propagation à travers l'Europe, de sa mission auprès de la société féodale et de sa destinée, jusqu'à l'ascendant sans pareil obtenu sur un siècle entier par le plus illustre des moines et le plus accompli. Commencée vers 1840, interrompue et reprise à divers intervalles, retouchée selon différents conseils, cette introduction, qui devait avoir deux volumes, allait paraître ; le premier volume était imprimé tout entier, le second s'imprimait, quand survint la révolution de 1848. Durant quatre ans, elle imposa à M. de Montalembert des labeurs ; à ses concitoyens, des soucis, peu compatibles avec l'étude attentive et calme de l'histoire. La publication de l'œuvre préparée fut différée.

Quand l'avènement de l'Empire eut rendu des loisirs à M. de Montalembert, quand, pour

combler le vide creusé dans sa vie, il eut besoin,
à côté des écrits de circonstance, d'un travail
de longue haleine, il revint naturellement à ses
moines. Mais ce qu'il avait fait ne le contentait
plus ; il soumit à l'évèque d'Orléans la question
de savoir s'il devait refondre, ou non, la première partie du volume déjà imprimé et celui-ci
« se prononça très affirmativement pour la
refonte [1]. » En effet, le Moyen Age venait d'être
fort exploré, on avait pénétré dans ses vieilles
abbayes ; ce qui eût été neuf quelques années
auparavant, risquait de paraître banal. D'ailleurs, en portant sur un vaste horizon un regard
trop souvent tourné vers d'autres objets, l'auteur
n'était parvenu ni à l'embrasser d'assez haut,
ni à l'envisager d'assez près ; les vues générales manquaient de netteté et les récits trop
resserrés, de relief. Il se résolut donc à un
sacrifice, assurément peu ordinaire parmi les
écrivains : il racheta à son éditeur le volume
tiré à un grand nombre d'exemplaires, le mit
au pilon, reprit l'ouvrage jusqu'aux fonde-
ments même et dans de tout autres propor-

____

1. Carnet, 1853, 31 mai.

tions. On en aura l'idée lorsqu'on saura que, dans le texte primitif, l'histoire des Moines était conduite en quatre cents pages jusqu'au xie siècle, à travers tout l'Occident, et que, dans les deux premiers volumes publiés plus tard par M. de Montalembert, cette histoire arrive seulement jusqu'au viie siècle en ce qui concerne le continent, dans les trois volumes suivants, jusqu'au viiie en ce qui concerne l'Angleterre.

En changeant de plan, M. de Montalembert ne se dissimulait pas les inconvénients du parti qu'il adoptait. Il apercevait clairement ce qu'il risquait à « éparpiller, sur une longue série d'années et un grand nombre de noms la plupart oubliés, l'intérêt qu'il était facile de concentrer sur un seul point lumineux, sur un seul génie supérieur ». Il annonçait d'avance qu'il ne parviendrait pas à éviter la monotonie. « Toujours la pénitence, la retraite, la lutte du bien contre le mal, de l'esprit contre la matière, de la solitude contre le monde ; toujours des fondations, des donations, des vocations. Cela finit par fatiguer la plume de l'écrivain et jusqu'à l'attention du lecteur. » Il se résigna néanmoins à braver cette fatigue, parce qu'il estima qu'un tableau d'ensemble profiterait mieux qu'un portrait isolé à la vérité historique ignorée ou travestie, à l'honneur d'une institution calomniée, enfin à la restauration des ordres religieux entreprise en nos jours.

En marquant ici ce qu'une telle détermination eut de méritoire, je ne saurais, pour ma part, taire quelque regret. En face de l'édifice qui ne devait pas se terminer, je regrette, je l'avoue, la statue originale et fière, attrayante et imposante, qui n'a pas été sculptée.

Pourtant, il faut le reconnaître, les écueils que l'auteur redoutait furent évités dans les deux volumes qu'il publia d'abord. Ils s'ouvrent par un discours préliminaire divisé en plusieurs chapitres et consacré à définir la profession monastique, à la venger de l'ingratitude et de l'injustice des modernes, mais à la venger selon le procédé propre à M. de Montalembert, « en ne dissimulant aucune tache, afin d'avoir le droit de ne voiler aucune gloire ». A ce discours, où l'on croit constamment entendre l'orateur en lisant l'écrivain, succèdent, en un clair et vivant tableau, les origines de l'ordre monastique, sa naissance en Occident au milieu de l'invasion barbare, son organisation et sa règle dressées par la main romaine de saint Benoît et appropriée aux conditions de la société féodale, enfin, ses commencements en Italie, en Espagne et en Gaule. Là, s'arrêtait l'œuvre, telle qu'elle parut en 1860.

Pour la première fois, l'histoire monastique était tirée du texte latin des poudreux in-folios pour passer dans notre langue, pour parvenir à la lumière, à la vie, à la beauté littéraires. L'auteur s'était proposé d'attester le caractère surhumain des vocations religieuses, en même temps que les services rendus par les moines à l'humanité. Il avait souhaité que son livre pût être lu et goûté à la fois dans les cloîtres et dans les Académies. Quand il eut publié les deux premiers volumes, il lui fut permis de croire qu'en une si rare entreprise, il n'avait pas échoué. Lacordaire, qui allait mourir, ayant eu le temps d'achever cette lecture, écrivit à son ami : « C'est un délicieux et excellent ouvrage, destiné à devenir le *Vade mecum* de tous ceux qui se consacrent ou veulent se consacrer à la vie religieuse. Je n'ai jamais eu de regret de l'avoir fait, malgré les soucis, les peines et les liens qui me sont nés de là depuis vingt et un ans ; mais si j'avais été tenté de regarder en arrrière, ton livre m'aurait raffermi et consolé, en me prouvant que j'avais choisi la meilleure part [1]. »

Vers le même moment, Littré, dans le *Journal des Savants*, déclarait qu'il avait « lu en s'instruisant beaucoup, en s'intéressant toujours, le livre de M. de Montalembert ». « Mes réserves et mes observations, disait-il, portent sur des choses accessoires ; sur le fond non seulement je n'ai pas d'objection à soulever, mais encore je concours dans les inductions historiques qui l'ont conduit, dans les sentiments qui l'ont inspiré. . . . .

. . . .

» Quand celui qui écrit une histoire la compose avec le secret désir que les choses qu'il raconte n'eussent pas été ou se fussent passé autrement, on pourra être assuré que son œuvre n'aura ni caractère ni réalité.

» Mettez au contraire dans les mains d'un

____

1. Sorèze, 29 décembre 1860.

auteur catholique le sujet des victoires de l'Église sur le paganisme, de la soumission, sous la loi religieuse, des Sicambres, maîtres de l'Occident, et finalement de la fondation du pouvoir spirituel au sein du moyen âge et, quelque loin que cet auteur suive ses opinions, quelque différend que vous ayez avec lui pour la conception du monde, l'instruction que vous y puiserez sera de bon aloi ; ses pages seront vivantes...

. . . .

» A l'époque qui remplit les deux premiers volumes de M. de Montalembert, la grande tâche de convertir, d'instruire, de moraliser les Germains échut à l'Église et à sa milice : époque mémorable dont il a retracé le côté héroïque en peignant les moines devant les barbares ; le côté poétique et gracieux en peignant les moines devant la nature ; le côté fécond en appelant, par une heureuse et brillante expression, la conjonction de l'esprit chrétien et de l'esprit barbare, les fraîches fiançailles de l'Église avec le peuple germain [1]. »

Cependant, à mesure que se prolongeait cette

1. *Journal des Savants*, septembre 1862 à janvier 1863.

œuvre, elle allait devenir plus difficile. Le tronc vigoureux planté par saint Benoît avait promptement poussé en tous sens des branches longues et touffues, dont il fallait suivre la croissance à travers les diverses contrées de l'Europe. L'histoire entreprise ne pouvait guère se continuer, sans perdre son unité. Après avoir retrouvé les premières traces de l'ordre monastique en France sous les Mérovingiens, la prédilection de M. de Montalembert pour la race anglo-saxonne l'attira en Angleterre. Dans ce pays, avant la conquête normande, il rencontra l'histoire ecclésiastique et l'histoire civile et politique enchevêtrées et l'une et l'autre étrangement embrouillées. Tout malade qu'il était dès lors, il s'acharna à les démêler et ne put y parvenir sans une fatigue qui se communique parfois au lecteur. Prenez chaque page de ces trois volumes : elle vous paraît vive et précise; çà et là, une émotion contagieuse vous saisit; soudain, vous rencontrez un élan et comme un coup d'aile que l'auteur n'a dépassé nulle part. Mais quand vous arrivez au terme de cette longue lecture, elle vous laisse une impression quelque peu uniforme et confuse.

Si la mort n'avait pas arrêté M. de Montalembert, il ne se serait pas borné à l'Angleterre. Déjà, pour suivre les vestiges des vieux
moines, il venait de retourner en Espagne; auparavant, des rives du Rhin, qu'il connaissait
d'ancienne date, il avait poussé jusqu'aux rives
du Danube, exploré la Hongrie et la Pologne;
une tâche aux lointaines perspectives était
entrevue, quand, sur le sillon inachevé, le
laboureur, qui ne consentait pas à se reposer,
tomba.

Il restait parmi ses papiers des pages inédites
à recueillir; dans le travail laissé de côté, tout
n'était pas à rejeter. Après le premier livre, qui
avait été jugé trop écourté et dont la substance
avait passé dans les cinq volumes refaits et publiés par lui, venait une peinture des relations des
moines avec la féodalité, peinture que l'auteur
avait tracée avec amour et n'avait pas repro-
duite ailleurs. Puis, pour marquer la croissance
de l'ordre bénédictin, à partir des débuts précédemment indiqués jusqu'à son apogée au
XIIe siècle, il avait exhumé, de Grégoire VII à
saint Bernard, une série de grands papes et de
grands moines étroitement liés ensemble. En

sacrifiant la première partie du travail primitif, il avait estimé que cette suite méritait d'être conservée; il avait souhaité qu'elle parût plus tard. L'ami sincère et sévère qui l'avait déterminé au sacrifice accompli, partageait ce sentiment : les deux volumes posthumes des *Moines* d'Occident ont été publiés en 1877 à l'instigation de monseigneur Dupanloup.

Ainsi s'est élevée cette œuvre, considérable et inachevée, œuvre de science, d'art et de foi. Si l'on tient compte de l'étendue et de l'exactitude des recherches, l'auteur semble rivaliser avec les fils des premiers moines dont il raconte la vie; son labeur paraît celui d'un bénédictin. Si l'on regarde la forme de l'ouvrage, on voit l'éloquence animer d'un souffle inattendu l'érudition.

V

De ces siècles lointains lorsque M. de Montalembert revenait au nôtre, il estimait qu'autour de l'Église tout avait croulé, tout était changé sans retour, mais que dans cette Société transformée, l'Église avait une place aussi considérable à prendre, des services aussi nécessaires à rendre qu'à aucune autre époque de son histoire. Il disait : « Je regarde devant moi et je ne vois partout que la démocratie. Je vois ce déluge monter toujours, tout atteindre et tout recouvrir. Je m'en effrayerais volontiers comme homme ; je ne m'en effraye pas comme chrétien ; car en même temps que le déluge, je vois l'arche. » Et précisant sa pensée à la fois politique et religieuse, il ajoutait : « L'avenir de la société moderne dépend de deux problèmes : corriger la démocratie par la liberté, concilier le catholicisme avec la démocratie. » Il posa ces deux problèmes, il s'appliqua à résoudre surtout le second, la dernière fois qu'il parla en public : au congrès de Malines, en 1863.

Le congrès de Malines avait été convoqué par les catholiques belges, appelant les catholiques de toute nation à délibérer ensemble à l'abri de la liberté belge. Ils avaient ainsi ouvert à leurs voisins de France, trop souvent réduits au silence sous le régime impérial, un asile,

dont M. de Montalembert devait être le premier
à profiter. Car, non seulement son mariage
l'avait attaché à la Belgique, mais de plus il
trouvait réalisé en ce pays ce qu'il avait souhaité toujours et ce qu'il n'apercevait nulle part
ailleurs en Europe : la liberté de l'Église fondée
sur les libertés publiques ou, comme il disait
alors, « l'Église libre dans l'État libre, » et mieux
encore : « l'Église libre dans la nation libre. »

Relégué dans sa patrie hors des assemblées
délibérantes, il vint donc à Malines, il y prononça deux discours pleins de flamme et d'éclat
où, prenant pour exemple le pays qu'il avait
sous les yeux, il pressa les catholiques « d'accepter les conditions vitales de la société moderne, afin d'exercer sur elle une action féconde
et salutaire ». Il observa que dans les sociétés
anciennes, la liberté des diverses classes, des
diverses professions, et au premier rang la
liberté de l'Église, avait été fondée sur le privilège, mais que dans la société moderne, éprise
avant tout d'égalité, la liberté de qui que ce
soit ne peut s'établir, si ce n'est en vertu du
droit commun, et la liberté de l'Église moins
qu'aucune autre. Les catholiques doivent-ils

donc redouter pour leur foi un tel régime ?
Loin de là, passant en revue les principales
libertés modernes : la liberté de l'enseignement,
la liberté d'association, la liberté de la presse,
enfin la liberté des cultes, l'orateur soutint que
l'Église a plus à gagner qu'à perdre à leur
exercice et trouve en nos jours avantage à les
revendiquer. Il déclara d'ailleurs qu'en ceci
« il ne faisait point de théorie, ni surtout de
théologie, qu'il parlait uniquement en homme
politique et en historien, qui invoque les faits
et en tire des enseignements purement pratiques. »

Les paroles applaudies à Malines furent con-
testées ailleurs. M. de Montalembert dut les
justifier en les expliquant. Plus tard, il voulut
consigner encore dans un dernier écrit les sentiments qui avaient inspiré ses derniers discours ; il intitula cet écrit *Espagne et Liberté*,
parce qu'il débutait par le compte de ce qu'a
coûté à la catholique Espagne le pouvoir absolu ;
il y laissa échapper l'amertume qu'il ressentait
de certaines ingratitudes et de certaines pali-
nodies et, l'ayant tracé d'une main fiévreuse et
mourante, il ne le publia pas.

Au fond, à travers un langage divers, tantôt précis et mesuré comme dans le livre des *Intérêts catholiques*, tantôt oratoire, passionné et par conséquent moins inattaquable, comme à Malines, ou dans les pages d'*Espagne et Liberté*, sa pensée ne variait pas. Vis-à-vis des hommes et des partis qu'il avait rencontrés le long de sa route, souvent il avait changé d'attitude, tandis qu'ils changeaient eux-mêmes de principes et de conduite; mais aux idées qu'il avait embrassées en entrant dans la carrière, il restait **jusqu'à la fin** ardemment et constamment fidèle, et c'est pourquoi, rassemblant dans une édition complète ses discours et ses écrits, il lui fut permis d'inscrire en tête de ses œuvres cette épigraphe: *Qualis ab incepto.*

CHAPITRE VI

I

La retraite prématurée de M. de Montalembert n'a donc pas été stérile. Un grand ouvrage historique et d'importants écrits sur le temps présent l'ont remplie. Néanmoins, dans cette retraite occupée et féconde, son âme était triste. S'il ne consentait pas à désespérer de l'avenir, — les discours de Malines en font foi, — il était réduit à reconnaître qu'à l'époque où il vivait, ni la destinée de la patrie ni la destinée de l'Église n'avaient répondu à son attente et à son effort.

« Ma vie publique — écrivait-il en 1860, — a fini par s'écrouler sous le poids d'une conviction et d'une illusion : d'une conviction que je maintiens, d'une illusion que je reconnais sans en rougir. J'ai cru, et je crois encore, que la liberté politique et religieuse était la seule sauvegarde efficace contre la corruption inséparable d'une civilisation avancée, la seule solution praticable et honorable de toutes les difficultés des temps modernes. J'ai cru et je ne crois plus que la France, telle que 1789 l'a refaite, tenait à la liberté par-dessus tout... La France a trompé cette confiance... Je me félicite de n'avoir pas été détrompé trop tôt... J'aime mille fois mieux avoir cru à un idéal, peut-être trop élevé, et l'avoir servi, que de l'avoir ignoré ou trahi[1]. »

Cependant, tout désenchanté qu'il était, il ne se détachait pas des opinions que, dans le feu de l'action, il avait soutenues; mais, instruit par une pénible expérience, et l'esprit toujours ouvert à la leçon des événements, il les complétait. Dès 1852, dans son livre des *Intérêts catholiques*, il avait écrit : « Dieu me préserve de vouloir méconnaître les services rendus par la maison de Bourbon à la France et à la

____

1. *Œuvres complètes*, Avant-Propos.

liberté, à cette liberté dont la destinée semble
plus que jamais identifiée à celle de cette
auguste race! » En 1853, une première visite
du duc de Nemours à Frohsdorff ayant donné
lieu de croire à la réconciliation des deux
branches de la maison de Bourbon : « Nous
voici donc pourvus, écrivait-il, d'un avenir
possible et désirable au lieu des éventualités
honteuses auxquelles on voudrait nous enchaîner. Comme l'a dit le duc de Nemours au duc
de Levis, c'est un pont jeté sur un abîme qu'on
croyait infranchissable[1]. » Cette réconciliation
ne s'étant pas achevée à cette époque, il continua longtemps de la souhaiter et de l'attendre.
Dans ses divers voyages en Angleterre, lorsqu'il
abordait les princes d'Orléans exilés, c'était le
désir qu'il leur exprimait. Il est le dernier
personnage politique que la duchesse d'Orléans
ait entretenu, avant d'être frappée d'une mort
presque soudaine, et c'est en opposant une
assez vive résistance à ses conseils, qu'elle dit
cette parole souvent citée depuis : « Mon fils
n'a pas de droits; mais il a des chances et des

1. Carnets, 1852, 13 décembre. — 1853, 14 janvier, 24 et 25 novembre.

titres, je dois les lui conserver [1] ». Les vœux
que M. de Montalembert formait alors étaient
ceux qu'avait formés avant lui et qu'a pour-
suivis encore après lui une élite de patriotes et
de politiques en France ; ils avaient pour objet
de rendre possible le rétablissement « d'une
monarchie traditionnelle et tempérée [2] ».

En ce qui concerne l'Église, M. de Montalembert, dès sa première jeunesse, se l'était
représentée, ainsi que le lui écrivait un jour
l'évêque d'Orléans, « un peu comme une princesse belle, charmante, parfaite, malheureuse
et persécutée ; il s'était pris pour elle d'une
sorte d'amour chevaleresque, avait voulu la
défendre envers et contre tous », lui rendre
sa place et son rang dans la cité nouvelle d'où
il la voyait bannie, et cette place qu'il s'était
consumé à lui préparer, il ne se consolait pas
qu'elle ne l'occupât point ; il accusait alors
l'aveuglement et l'ingratitude de la cité ; mais
en même temps, avec une surprise doulou-

---

1. Carnet, 1858, 8 mai.

2. Projet de déclaration proposé aux princes de la maison
d'Orléans par M. de Montalembert, à l'occasion de la proclamation de l'Empire en novembre 1852.

reuse, il reconnaissait ce qui manquait à l'Église
même pour accomplir ce qu'il attendait d'elle,
il découvrait les infirmités et les défaillances
de l'enveloppe humaine où résidait l'âme divine.
« Les catholiques modernes, disait-il, excellent
dans la vie privée, ils succombent dans la vie
publique. Ils y sont, sans cesse et partout,
primés, dépassés, vaincus ou dupés par leurs
émules, leurs antagonistes et leurs oppres-
seurs[1]. »

Néanmoins, cette infériorité des catholiques,
plus pénible pour lui que pour personne,
puisque, plus que personne, il s'était attaché
à les en relever, ne le portait pas à méconnaître les vertus d'une autre sorte, qu'autour
de lui enfantait la foi, et tandis qu'il déplorait
l'insuffisance de l'Église à exercer une action
extérieure et publique sur la société nouvelle,
il devenait de plus en plus persuadé et pénétré
de l'action intérieure et divine de cette Église
sur l'âme fidèle. A cette action, il s'était, pour
son propre compte, livré dès sa jeunesse et
depuis, jamais à aucune époque de sa carrière

1. Premier discours de Malines

agitée, il ne s'était départi des pratiques **et** des habitudes de la piété chrétienne. **Dans sa** retraite, il ne manqua pas de s'y **retremper.** Il était ainsi disposé à reconnaître la grandeur et la beauté des sacrifices faits à **Dieu :** partout où il les rencontrait, particulièrement dans les conditions humbles et obscures, **chez** quelque pauvre prêtre, chez quelque religieuse ignorée, il en était touché. **Mais quand le sacrifice** s'accomplit à son foyer, quand il fut condamné lui-même à y participer, quand **une de** ses filles quitta le monde pour le cloître, **alors** son âme se fondit comme en un flot de douleur et de tendresse, d'admiration pour son enfant et d'adoration pour son Dieu. **Alors, le** Vendredi-Saint de l'année 1865, sous le toit de son grand ami l'évêque d'Orléans, au **terme** d'un chapitre sur les religieuses anglo-saxonnes, il laissa échapper cette page qui clôt les volumes publiés par lui sur les moines :

« De ce monde perdu dont nous nous efforçons de retrouver l'empreinte, tout a disparu, tout a péri ou tout a changé, hormis l'armée du sacrifice... Douze siècles après ces Anglo-

Saxonnes, la même main vient s'abattre sur nos foyers, sur nos cœurs désolés, pour en arracher nos filles et nos sœurs. Et jamais, depuis que le christianisme existe, ces sacrifices n'ont été plus nombreux, plus magnanimes, plus spontanés qu'aujourd'hui... Un matin, une fille bien-aimée se lève et s'en vient dire à son père et à sa mère : Adieu ! tout est fini. Je vais mourir, mourir à vous, mourir à tout. Je ne serai jamais ni épouse, ni mère; je ne serai plus même votre fille. Je ne suis plus qu'à Dieu. Rien ne la retient... étincelante et charmante, vaillante et radieuse, elle marche à l'autel ou plutôt elle y court, elle y vole, comme un soldat à l'assaut, contenant à peine la passion qui la dévore, pour y courber la tête sous ce voile qui sera un joug pour le reste de sa vie, mais qui sera sa couronne pour l'éternité... Quel est donc cet amant invisible, mort sur un gibet il y a dix-huit siècles, et qui attire ainsi à lui la jeunesse, la beauté et l'amour ?... Est-ce un homme ? Non : c'est un Dieu. Ce Jésus, dont la divinité est tous les jours insultée ou niée, la prouve tous les jours, entre mille autres preuves, par ces miracles de désintéressement et de courage qui s'appellent des vocations. »

Après avoir tracé ces lignes où « s'épanchaient ses émotions les plus intimes et les plus poignantes », il hésita à les donner au public; il refusa à l'évêque d'Orléans, qui l'en pressait, de les livrer à la publicité hâtive et déjà bruyante du *Correspondant*. « Peut-être, — lui écrivait-il, — ne les eussé-je point imprimées, si mon livre avait eu la vogue et la grande publicité que je rêvais autrefois. Mais je les ai déposées sans scrupule dans un lourd in-octavo qui ne sera ouvert que par un petit nombre de lecteurs contemporains et dont la postérité fera ce qu'elle voudra [1]. »

II

Voilà donc durant sa retraite, quelles pensées et quels sentiments remplissaient l'âme de M. de

---

1. Paris, 2 mars 1867.

Montalembert, et voici quel genre de vie il s'était fait.

Le mal de la vieillesse, disait-il quelquefois, c'est le froid : la sentant approcher, de peur de se refroidir, il ne consentait pas à se reposer. Le regret, si amer qu'il fut, des occupations qui lui manquaient ne lui donna jamais le dégoût de celles qui restaient à sa portée. Aussi, à défaut de la vie publique, non seulement il employa la plus grande part de son temps à sa table de travail, dans la compagnie de ses livres de tout âge et de toute langue; en outre, il mena activement, il goûta pleinement la vie de famille, la vie des champs, la vie de société.

Je n'essaicrai pas de marquer ici quelle place tenaient dans le cœur de M. de Montalembert les sentiments de famille : on l'entrevoit dans la page que je viens de transcrire. Il me sera seulement permis d'attester que, lorsqu'il sortait de son cabinet de travail pour animer le cercle formé par sa femme et ses enfants, il se mettait en frais, sa causerie avait autant d'intérêt, de mouvement et d'attrait que dans les salons les plus recherchés et les plus brillants.

Durant son enfance et sa jeunesse, il n'avait pas habité la campagne; mais, grâce sans doute au sang anglais et écossais qu'il avait dans les veines, il s'y plaisait et s'y attardait volontiers, il demandait au grand air, à l'exercice, la force de porter le poids de tout ce qu'il lisait ou écrivait. En dépit de ses autres travaux, il avait trouvé le temps de s'arranger une demeure, de marquer de son empreinte le coin de terre où il se retirait. A l'extrémité du Morvan, sur la frontière de la Bourgogne, à **La Roche-en-Brenil**, il avait acquis, peu de temps après son mariage, un manoir démeublé et délabré, dont les murs épais et les tours baignaient dans des fossés remplis d'eau, dont les salles vastes et hautes, où pendaient quelques vieilles tapisseries, offraient un aspect imposant et sévère. Il avait pris peine, il avait trouvé plaisir à le réparer et à le meubler à son gré, avec moins de souci du confort que d'éloignement pour la vulgarité, l'avait peuplé de ses livres, qui débordaient de sa vaste bibliothèque le long des corridors, puis de cartes, de dessins, de portraits, souvenirs de ses voyages et de ses amitiés, témoignages de ses prédilections historiques. C'étaient par exemple, non loin des plans d'abbayes et d'antiques cités, les barons et les évêques anglais jurant leur Grande-Charte; Washington à Mount-Vernon au milieu des siens; Louis XVIII signant sur le bureau qu'il avait rapporté de l'exil la Charte française. Sur les poutres des plafonds qu'il avait fait peindre, il avait inscrit des devises : d'abord celle des Merode, *Plus d'honneur que d'honneurs;* ensuite celle qu'il s'était appropriée, *Ni espoir, ni peur;* d'autres encore cueillies dans les anciennes chroniques : *Pour l'âme et l'honneur; — Ou bien ou rien; — J'obéis à qui je dois, je sers à qui me plaît, je suis à qui me mérite.*

Le sol granitique sur lequel est posé ce manoir présentait, dans le creux des vallons, des étangs solitaires, encadrés au loin d'épais taillis de chêne et tout à côté, sur la croupe des collines, des champs arides et nus. Il résolut de les revêtir de verdure. Il introduisit dans cette portion du Morvan les diverses espèces d'arbres résineux, changea autour de lui l'aspect du paysage et devint un habile forestier. En regardant pousser ses pins, il disait parfois, avec mélancolie et non sans injustice assuré-

ment, soit pour son temps soit pour lui-même :
« C'est la seule entreprise où j'aie réussi. »

A travers les bois qu'il avait plantés, le long
des chemins qu'il avait tracés, il faisait chaque
jour, tantôt avec son régisseur, tantôt avec sa
famille ou ses hôtes, de grandes promenades
et lorsqu'il rentrait ensuite dans sa bibliothèque,
ce n'étaient pas seulement les écrits qu'il se
préparait à publier qui l'occupaient. De toutes
les contrées du monde, dans les langues les
plus diverses, lettres, journaux, revues, livres
affluaient chaque matin. Les lettres, qui ne
restaient jamais sans réponse, étaient rangées
et conservées, dès qu'elles présentaient quelque
intérêt. Dans les journaux, les revues et les
livres, un trait léger de son crayon rouge mar-
quait les lignes qui, à un titre quelconque,
l'avaient frappé. Les journaux et les revues
étaient ensuite découpés, et ces extraits, mis
en ordre et collés sur de grands registres, for-
maient peu à peu des recueils considérables.
Pour les livres, à la fin de chaque volume, il
dressait à son usage une table des passages
qui, soit en bien soit en mal, avaient fixé son
attention et dont il désirait se souvenir. Les

ouvrages nouveaux, d'ailleurs, ne portaient préjudice ni aux vieux in-folios, dans lesquels il
aimait à se plonger, ni à ses auteurs préférés,
auxquels il ne se lassait pas de revenir.

Avec l'âge, le cercle de ces auteurs favoris
s'était même agrandi. Il disait, dans un petit
séminaire[1], aux élèves dont il encourageait les
études : « A quarante ans, j'ai refait mon éducation classique avec l'illustre évêque d'Orléans. » La vérité est que dans sa jeunesse,
après ses humanités, épris du Moyen Age, versé
dans les littératures étrangères, il avait négligé
les classiques, soit grecs et latins, soit français.
Dante et Shakspeare étaient alors l'objet, à peu
près exclusif, de ses prédilections. Il s'était
même rangé du côté des novateurs qui prétendaient bannir les auteurs païens des collèges
chrétiens, et cela non sans causer un assez vif
déplaisir à monseigneur Dupanloup, ardent
défenseur de l'opinion contraire. Aussi celui-ci
cherchait-il à l'occasion à réconcilier son ami
avec les lettres antiques. Un jour, qu'au milieu
des orages et des labeurs des assemblées répu-

1. Le séminaire de *Consolation*, dans le diocèse de Besançon.

16.

blicaines, M. de Montalembert avait, pour se rafraîchir et se distraire, arrangé avec le prélat une excursion, à laquelle, selon sa coutume, il avait donné pour but le site d'une ancienne abbaye ; tandis que tous deux s'en allaient ensemble à travers la campagne, sous un beau ciel de printemps, à Saint-Benoît-sur-Loire, l'évêque entreprit de faire goûter son poète préféré, Virgile, à l'athlète des luttes politiques. Comme M. de Montalembert imputait aux chants du courtisan d'Auguste quelque mollesse et quelque langueur, l'évêque, qui connaissait à fond son auteur, prit soin de citer les passages énergiques et fiers. Le vers qui acheva de gagner M. de Montalembert fut celui-ci :

... Ausi omne inmane nefas ausuque potiti.

Les deux amis l'appliquèrent aux terroristes français, dont on essayait alors de glorifier la mémoire.

Dans le même temps, M. de Montalembert revint au XVIIe siècle et l'apprécia davantage. L'anarchie des esprits, dont il était le témoin attristé, contribua sans doute à le tourner vers une époque où l'ordre et la règle prévalaient, dans les lettres, comme dans l'État. Un article sur l'*Histoire de madame de Maintenon*, par le duc de Noailles, marqua ce retour. Il fréquenta assidument Bossuet et ses sermons. Pourtant, comme il n'avait pas abjuré ses répugnances contre le pouvoir absolu, il adopta pour guide à travers la cour de Louis XIV, le duc de Saint-Simon ; il se délecta dans sa compagnie. Dante et Shakspeare ne furent pas mis de côté ; mais Bossuet et Saint-Simon prirent place auprès d'eux.

III

Lorsqu'il revenait à Paris, il n'interrompait pas ses travaux, mais il les entremêlait aux relations sociales les plus variées. Si recherché qu'il fût dans le monde choisi que le régime impérial éloignait des affaires, il trouvait moyen de s'enfermer durant de longues heures, au milieu de ses livres, devant son vaste bureau, chargé de papiers et de documents de toute sorte, et de s'y rendre inabordable : ce qui ne l'empêchait pas, grâce à la méthode précise et rigoureuse avec laquelle il distribuait son temps, de donner d'autres heures aux amis, aux compagnons d'armes, aux étrangers avides de l'entretenir, surtout à la jeunesse studieuse qu'il ne cessa jamais d'accueillir. Le soir venu, il se dépensait d'ordinaire dans les salons où il pouvait causer, et comme il rentrait ensuite le plus souvent à pied, rafraîchi par l'air de la nuit, il retrouvait sa lampe allumée au fond de sa bibliothèque silencieuse et se remettait à travailler, jusqu'au moment tardif où le sommeil le gagnait.

Dans sa jeunesse, il avait résisté à sa mère qui voulait l'entraîner constamment dans le monde. « Quand on a payé le tribut que l'on doit à sa patrie, — écrivait-il alors, quand on peut se présenter couvert des lauriers de la tribune ou du champ de bataille, ou du moins jouissant d'une estime générale, quand on est sûr de commander partout l'admiration et le respect, on a bien le droit de s'amuser dans le monde et de s'y présenter avec assurance...

Mais quand on se voit confondu… dans la foule des élégants qui se croient forcés tous les soirs d'errer dans trois ou quatre maisons où l'on s'étouffe en disant que l'on s'amuse, je n'y vois ni plaisir ni honneur, je n'y vois qu'une perte de temps [1]. » On observera peut-être que si chacun eût adopté la manière de voir de M. de Montalembert, le monde eût risqué de se changer en désert. Quoi qu'il en soit, pour sa part, il attendit, avant de s'y répandre, d'avoir payé, comme il disait, son tribut à la patrie. Mais alors il goûta vivement le plaisir si français de la conversation. Car il y avait encore sous le second Empire, à l'écart du bruit et des fêtes de la cour impériale, des salons où l'on conversait à Paris : les uns, ouverts tous les soirs à quelques habitués, les autres, une fois par semaine, à un cercle plus nombreux, mais fort loin encore de ressembler à une foule. C'était, par exemple, les salons de quelques étrangères qui prisaient fort l'esprit français : madame Swetchine, la princesse Lieven, la duchesse de Galliera ; ou ceux de quelques

____

1. Lettre VIIIe à un ami de collège. Août 1827.

Françaises de marque : madame Duchâtel, madame de Gontaut, la duchesse Pozzo di Borgo, madame Le Tissier, madame de Forbin. Selon la coutume de tous les temps, on y glosait sur les ridicules et les misères du temps, la platitude des gens en place, les iniquités du gouvernement. Parmi ces salons, le plus animé et le plus varié peut-être était, chaque mercredi, celui de M. de Montalembert lui-même. Ce qui restait de l'ancienne aristocratie française, et parfois quelques hauts dignitaires de l'Église venant saluer le champion de leur cause, s'y rencontraient avec les personnages politiques et les hommes de lettres. Sous les auspices d'un maître de maison qui avait des affinités avec tous et s'appliquait à faire jaillir de chaque esprit l'étincelle, ces visiteurs si divers se trouvaient également à l'aise et se frottaient volontiers les uns aux autres. Les relations de M. de Montalembert s'étendaient plus loin encore. Depuis l'ambassadeur d'Autriche avant la guerre de 1859, le baron Hubner, jusqu'au ministre des États-Unis durant la guerre de Sécession, M. Bigelow, les étrangers se plaisaient, au sortir des réceptions officielles, à aborder la société française chez le Français le plus familiarisé avec les hommes et les choses du dehors. On y voyait fréquemment le marquis Brignole, héritier des anciens doges de Gênes, cordial et simple autant qu'imposant ; l'ambassadeur d'Espagne, Donoso Cortès, censeur austère et sombre du siècle en ses discours et ses écrits, causeur alerte, séduisant et pétillant dans un salon. Les amis de vieille date de M. de Montalembert n'étaient pas ceux dont l'entretien présentait autour de lui le moins d'intérêt. Son beau-frère, le comte Werner de Merode mettait les saillies de l'esprit le plus prompt et le plus facile au service du sens politique le plus avisé. Son conseiller attitré en matière d'assistance publique et de charité, l'âme des bonnes œuvres à cette époque, le vicomte de Melun, avait peine à dissimuler aux parlementaires avec lesquels il frayait quelque dédain pour leurs agitations et leurs mécomptes : ce qu'on a plus tard appelé la question sociale l'occupait déjà tout entier ; il employait son savoir-faire et son bien-dire à intéresser les heureux du monde au sort des misérables. Enfin, à côté des anciens amis, ce salon était fréquenté par les anciens adversaires : **M.** Guizot y portait sa bonne grâce un peu solennelle, **sa** gravité bienveillante et sereine ; **M.** Villemain, sa verve un peu apprêtée, mais intarissable.

Ce rapprochement avec ses antagonistes d'autrefois était, dans la défaite et la retraite, la meilleure consolation de M. de Montalembert. « J'ai subi autant que personne — a-t-il écrit, — l'attrait vainqueur de la vie publique. J'ai connu tous ses entraînements ; j'ai connu l'ivresse de la lutte et des applaudissements publics ; mais je n'ai rien connu qui vaille cette émotion intime, cette joie généreuse qu'éprouve un honnête homme à rendre justice et hommage à un noble adversaire, à lui tendre une main toujours loyale, mais naguère armée, et désormais amie. C'est à mon sens la plus grande jouissance de la vie politique. Elle est trop souvent passagère, incomplète, comme toutes les joies de ce monde ; mais je n'en ai pas rencontré de plus pure, de plus douce et de plus chrétienne [1]. »

Aussi bien, cet accord entre hommes long-

---

1. *OEuvres complètes*, Avant-Propos.

temps opposés les uns aux autres et réunis par
de communs revers, s'opérait et se manifestait
ailleurs que dans les salons : en une enceinte
plus étroite et plus en vue, à l'Académie. Il y
déterminait d'heureux choix. M. de Montalembert s'était cru destiné d'abord à y remplacer Chateaubriand. Mais les légitimistes,
dont il était alors fort séparé et qui revendi-
quaient à l'honneur de leur cause la gloire de
l'écrivain le plus éclatant du siècle, avaient
insisté pour que le successeur de Chateaubriand
fût pris dans leurs rangs ; un grand seigneur
lettré, le duc de Noailles, avait été choisi.
M. de Montalembert s'était vengé de cette
déconvenue, en faisant dans le *Correspondant*
l'éloge de l'*Histoire de madame de Maintenon*, que
le duc de Noailles venait de publier. Peu de
temps après, le 9 janvier 1851, vingt-cinq voix
sur trente votants l'avaient élu. Son prédé-
cesseur, M. Droz, était originaire de Franche-
Comté et il avait publié une « *Histoire du règne
de Louis XVI pendant les années où l'on pouvait
prévenir ou diriger la révolution française.* » M. de
Montalembert en profita, d'abord pour célé-
brer, en même temps que cet honnête et sage

écrivain, le pays qui l'avait recueilli lui-même à la chute de la pairie et, en l'adoptant pour représentant, lui avait rouvert l'accès de la tribune; ensuite pour exposer ses vues sur la Révolution. Composé immédiatement avant le coup d'État, son discours était dirigé contre les idées révolutionnaires; prononcé immédiatement après, il parut favorable aux idées libérales, à ce point que la censure ne laissa les journaux le publier qu'après en avoir retranché quelques passages : notamment celui où l'orateur affirmait que la Révolution durait encore.

Une fois à l'Académie, on le vit donner la main à ses anciens adversaires et, de concert avec eux, en ouvrir la porte à ses amis; car, dans ce sanctuaire traditionnel des lettres et de l'esprit français, pas plus qu'ailleurs, il ne voulait rester inutile et, puisqu'il lui avait été donné d'y prendre place, il se croyait tenu d'y faire pénétrer les hommes et les opinions qui lui étaient chers. Parmi ses confrères, les principaux n'étaient pas moins jaloux que lui des choix qu'avait à faire leur compagnie. Ces choix étaient entre eux l'objet d'une vive émulation, le résultat d'un accord souvent labo-

rieux. Tandis qu'appuyé sur le suffrage de la
multitude et favorisant l'égalité, aux dépens de
la liberté, le second Empire éloignait du pouvoir
et des affaires l'élite de la nation, cette élite
trouvait un asile à l'Académie. Il s'y formait
une sorte d'aristocratie intellectuelle, indépendante, fière et frondeuse, issue des travaux et
des luttes qui avaient rempli dans la vie civile
la première moitié du siècle. Pour sa part,
M. de Montalembert y put voir entrer, à sa
suite et avec son concours, les hommes le plus
étroitement unis à sa vie ou à ses pensées,
depuis monseigneur Dupanloup et M. de Falloux, jusqu'au Père Gratry.

L'élection qui l'occupa et le consola davantage fut celle du Père Lacordaire, en 1860.
Une difficulté singulière faillit l'empêcher. En
introduisant, pour la première fois, un moine à
l'Académie, plusieurs académiciens entendaient
marquer leur opposition à la politique de
l'empereur, qui leur paraissait en Italie mena-
çante pour le Saint-Siège et injurieuse pour
l'Église, aussi bien que contraire aux intérêts
français. Or, ce moine, qui ne goûtait aucunement d'ailleurs le régime impérial, avait ap-

prouvé, d'abord, précisément la politique de
Napoléon III au delà des Alpes, son effort pour
chasser l'Autriche de la péninsule. Comme l'a
dit plus tard M. de Montalembert, « le but légitime et sacré que les patriotes italiens se pro-
posaient, en émancipant leur pays de la domi-
nation étrangère, voilait à ses yeux l'immoralité
des moyens qu'ils mettaient en œuvre » et
qu'employait, de concert avec eux, leur allié,
leur complice des Tuileries. Personne n'avait
déploré autant que M. de Montalembert cette
opinion qui devait être sévèrement reprochée au
Père Lacordaire ; dès qu'il l'avait connue, il lui
avait adressé pour la réfuter une longue lettre,
un vrai mémoire. Mais enfin, elle n'effaçait pas
à ses yeux les titres de l'orateur de Notre-Dame ;
d'ailleurs, le moment arrivait où, en face des
malheurs et des périls de Pie IX, « la piété
filiale » devait, chez le prêtre, le religieux,
« dominer les pensées et les paroles[1] ». M. de
Montalembert estima donc qu'une telle élection
serait un hommage rendu à l'Église ; il rallia
les voix qui pouvaient l'assurer, et Lacordaire,

____

1. Lettre du Père Lacordaire à M. Cochin, 27 janvier 1860.

appuyé sur le compagnon d'armes de ses jeunes années, succéda à Tocqueville, pour être, selon son propre langage, « le symbole de la liberté acceptée et fortifiée par la religion ».

Le dissentiment sur la question italienne est le dernier qui se soit élevé entre M. de Montalembert et Lacordaire, la dernière épreuve qu'ait traversée et surmontée leur amitié. En s'expliquant à ce sujet, M. de Montalembert, au soir de la vie, jetait un coup d'œil sur les vicissitudes du temps écoulé. « Nous n'avons — écrivait-il à son ami — jamais été divisés que deux fois et sur la conduite à tenir en deux circonstances très graves : la première, en 1832, lorsque tu t'es séparé de M. de Lamennais ; la seconde, en 1848, à l'occasion de la révolution de Février. En 1832, tu as eu pleinement raison contre moi. En 1848, je crois que j'ai eu raison contre toi. » Aveu et jugement qu'il avait complétés d'avance, en disant dans une autre lettre : « Je te livre une page de ma vie... C'est mon erreur, non pas de 1848, mais de 1851, lorsque j'ai cru, pendant quinze jours, que la dictature pouvait aboutir à autre chose qu'au triomphe de l'égoïsme impérial, lorsque

j'ai eu le malheur de passer pour complice
d'une politique dont je devais être dupe et vic-
time. » Puis, revenant à l'affection réciproque
qui avait embelli et consolé leur carrière,
comme il se montrait alors ardemment soucieux de préserver son ami de tout reproche et
de sauvegarder le pur éclat d'une renommée si
chère, il ajoutait : « Quand nous étions jeunes
et ardents tous les deux, tu m'aimais plus que
je ne t'aimais. Aujourd'hui les rôles sont ren-
versés ; je ne m'en plains pas, je te demande
seulement de me supporter et de croire en moi,
de croire à la sincérité et au désintéressement
profond de ma sollicitude pour ta gloire[1]. »

Le moment était venu où les deux amis
devaient être séparés par la mort. La journée
dans laquelle le Père Lacordaire prit séance à
l'Académie est la dernière où il ait paru en
public. Huit mois après, M. de Montalembert le
revit dans sa retraite de Sorèze, « se débattant
contre les dernières étreintes du mal qui, depuis
deux ans, le minait ». Il le pressa d'entreprendre encore un travail, de « recueillir ses

1. La Roche-en-Brenil, 6 novembre 1855, — 28 février 1860.

souvenirs et de les faire mettre par écrit sous sa dictée, de façon à laisser un témoignage authentique des intentions et des convictions qui avaient dominé sa vie[1]. » Dès le lendemain, de ses lèvres pâlies, le mourant laissa tomber ce récit que l'approche de l'agonie a interrompu, œuvre suprême du grand orateur et peut-être, en ses proportions resserrées, la plus accomplie. On la doit aux sollicitations de M. de Montalembert.

IV

M. de Montalembert survécut huit ans au Père Lacordaire. Sur ces huit années, il en passa quatre en proie à un mal implacable. Consumé plus lentement que son ami et d'autant plus cruellement, lui aussi donna à ceux qui l'approchèrent alors le spectacle qu'il avait admiré à Sorèze ; lui aussi fit voir « la supré-

1. Testament du Père Lacordaire, publié par M. de Montalembert. *Avant-Propos*.

matie de l'âme sur le corps et la victoire de la force morale sur toutes les misères de la nature[1] ».

Il était né avec un tempérament singulièrement robuste. Je lui ai ouï dire que dans le cours de sa vie publique, à travers les plus pénibles soucis, il n'avait jamais éprouvé d'insomnie; à travers les plus opiniâtres labeurs, jamais ressenti de fatigue de tête. Aussi ne savait-il ce que c'était que se reposer, si ce n'est en changeant d'occupation. Mais vers la fin de 1851, survint une maladie des reins qui, par intervalles, lui infligea de rudes souffrances et l'obligea à des traitements douloureux ; pourtant elle n'arrêta encore ni ses travaux, ni ses voyages. En 1866, il avait résolu de visiter les États-Unis ; s'étant épuisé à poursuivre en Europe l'alliance de la religion et de la liberté, il voulait contempler cette alliance et les fruits qu'elle porte dans le Nouveau Monde. Des jeunes gens associés à ses sentiments, heureux de se placer sous son égide, MM. de Chabrol, Lefébure et de Lubersac, devaient l'accompa-

1. Montalembert, *Le Père Lacordaire*, 1862.

gner ; il allait s'embarquer, quand tout à coup
son **mal** s'aggrava et le terrassa. Pour conjurer **un** danger imminent, une opération fut
faite **par** la main habile du savant et prudent
Nélaton ; elle éloigna, en effet, le péril de mort,
mais ne tarit pas le mal à sa source, il continua
à ronger le malade. A cinquante-quatre ans,
M. de Montalembert devint infirme et, jusqu'à
la fin, il ne cessa plus de souffrir. C'étaient, tour
à tour, de cuisantes douleurs, des fièvres, des
angoisses, des dégoûts et des défaillances sans
cesse renouvelés. Enfin, épreuve pour lui plus
difficile à supporter que tout autre, il était
réduit à l'immobilité et à la dépendance. Il
pouvait encore être transporté d'un lieu à un
autre en voiture ou en chemin de fer, mais non
se **mouvoir** lui-même. Pour passer dans son
appartement d'une chambre à l'autre, pour
prendre un livre dans sa bibliothèque, il avait
besoin du bras d'autrui. La plus grande partie
de la journée, il restait couché sur une chaise
longue, à peine lui était-il permis de s'asseoir
quelques heures devant son bureau. Et c'est
dans cet état que, tantôt dictant, tantôt maniant
avec effort le crayon ou la plume, il a entretenu

17.

la correspondance la plus étendue et la plus
active, poursuivi son histoire de la conquête
d'Angleterre par les moines, composé divers
écrits. A la veille de sa mort, il livrait encore
à l'imprimeur un Avant-Propos destiné à pré-
céder la dernière œuvre, le *Testament*, comme
il l'appelait, du Père Lacordaire, que lui avait
légué, en lui confiant le soin de le publier,
l'abbé Perreyre.

En même temps, il continuait de lire, sans
relâche, livres, journaux et revues ; quand ses
amis avaient à traiter quelque question nouvelle, souvent, pour être renseignés sur les
documents qu'ils devaient consulter, ils avaient
recours à « l'invalide sur son grabat », comme
il se désignait lui- même. Il guettait parmi la
jeunesse tous les signes de réveil et de renaissance intellectuelle ou politique. Au milieu de
ses pires souffrances, il écrivait à l'un de ses
collaborateurs du *Correspondant* qu'il avait le
plus goûté : « Ce qui me charme en vous, c'est
la vie ; car, à mesure que cette vie m'échappe,
je l'estime et la recherche davantage chez les
autres [1]. »

1. Lettre à M. Léopold de Gaillard, 24 septembre 1869.

Rien ne lui échappait de ce qui était capable d'exciter ou de renouveler sa propre pensée. Les études économiques de Le Play l'ont particulièrement intéressé à cette époque. Il goûtait cette vaste enquête sur les principes nécessaires aux sociétés humaines, cet effort, poursuivi avec une vaillante indépendance, pour faire accepter par la société moderne l'autorité du Décalogue et notamment pour restaurer, au moyen de la liberté de tester, la puissance paternelle.

Enfin, quand son mal lui laissait quelque répit, des visiteurs nombreux et choisis se succédaient à certaines heures, des entretiens animés et variés se tenaient autour de la chaise-longue où il gisait. Un observateur sagace, Doudan, a marqué sous quel aspect il apparaissait alors à ceux qui l'approchaient dans cette bibliothèque de la rue du Bac, jadis son asile pour l'étude et son arsenal pour le combat : « Sur une barque assaillie par les quatre vents du ciel, il causait, travaillait, méditait paisiblement et regardait sans se troubler les eaux qui devaient l'engloutir. C'est comme une vertu militaire que tant de sang-froid et de discipline intérieure gardés au milieu de périls si pressants[1] ».

Ce n'était pas seulement à Paris qu'était contemplé ce spectacle. En 1867, M. de Montalembert pouvait encore être transporté au delà de la frontière. Il passa quelques mois d'été dans un vieux manoir des Merode, à Rixensart, en Brabant, et comme un Congrès catholique, pareil à celui où, quatre ans auparavant, sa parole avait retenti pour la dernière fois, se tenait dans le voisinage, à Malines, il vit venir à lui des représentants des races les plus diverses de la chrétienté.

Parmi tous ces visiteurs, celui qui le frappa davantage fut un Américain, le Père Hecker. Il écrivit sur son carnet : « J'ai entendu de fort beaux sermons dans ma vie ; mais aucun ne m'a plus ému que le récit fait par lui, le soir, dans la cour, dans un français à peine intelligible, de la marche qu'a suivie son âme pour passer des questions politiques et sociales aux questions religieuses, et pour arriver après sept ans de recherches au dogme de la présence

1. X. Doudan, *Mélanges et Lettres*, t. II, p. 523.

réelle et perpétuelle de Dieu dans l'Eucharistie [1] ».

Durant ce séjour en Belgique, il reçut aussi deux Français, qu'à cette époque il n'aurait pu voir en France. Les princes qu'il avait visités dans leur exil voulurent le visiter à leur tour dans sa maladie. Le 23 juillet, le comte de Paris et le duc d'Aumale vinrent à Rixensart. Au témoignage du duc d'Aumale, ils retrouvèrent la parole du malade, « toujours vive, animée, pleine d'indignation contre le mal et d'enthousiasme pour le bien, gourmandant le scepticisme des uns, la paresse des autres, mais avec un ton nouveau... je ne sais quoi d'indulgent et de majestueux, avec la sérénité du chrétien qui sait que ses heures sont comptées et qui voit, sans pâlir, approcher le moment où il paraîtra devant son créateur [2] ».

A la veille de sa mort deux événements considérables, l'un dans l'Église, l'autre dans l'État, l'occupèrent : la réunion du Concile du Vatican, la tentative faite pour rendre l'Empire libéral.

1. Carnet, 1867, 31 août.
2. Discours de réception à l'Académie française.

La première annonce du Concile fut accueillie par lui avec une ardente espérance. Mais bientôt l'école qu'il combattait en France prétendant prévaloir dans l'auguste assemblée, il s'effraya, et le principal adversaire de cette école, l'évêque d'Orléans, ayant décidé de s'opposer à ce qu'elle proposait alors : la proclamation de l'infaillibilité du pape, M. de Montalembert se rangea résolument du côté de son grand ami. Non pas qu'au fond la doctrine de l'infaillibilité pontificale en matière de foi lui répugnât ; il l'avait toujours admise et n'avait, d'ailleurs, aucun penchant à se mêler aux débats purement théologiques. Mais il redoutait l'omnipotence que des esprits exagérés attribueraient au pape en matière politique, comme conséquence de son infaillibilité doctrinale. L'Église était, à ses yeux, une monarchie tempérée ; il souhaitait qu'elle ne devînt pas une monarchie absolue.

Sous l'empire de cette appréhension, il tenait un langage d'autant plus vif et libre qu'il se sentait plus ferme dans sa croyance. Il écrivait alors : « Je suis de l'opposition autant qu'on peut l'être ; mais je suis bien résolu à ne jamais franchir les limites inviolables... L'Église n'en reste pas moins l'Église, c'est-à-dire la dépositaire unique des vérités, des vertus qui sont à la fois les plus nécessaires et les plus difficiles d'accès à la société moderne... A soixante ans que je vais avoir bientôt, je sens que je l'aime et que je crois en elle avec une toute autre énergie qu'à vingt ans[1]. » Voilà, vers son dernier jour, le fond de son âme, comme l'ont vue tous ceux qui l'approchaient.

Au moment où ses regards se tournaient vers Rome avec inquiétude, il vint de Paris une nouvelle qui le surprit et le charma. L'empereur renonçait au pouvoir absolu, rétablissait le gouvernement parlementaire, et **M.** de Montalembert voyait plusieurs de ses amis appelés aux affaires. Assurément, il eût préféré que la liberté fût ramenée par une autre main que celle qui l'avait bannie. Néanmoins, en dépit de ses griefs contre Napoléon III, il salua le retour de cette liberté avec une joie généreuse. Réduit pour son propre compte à une définitive impuissance, il espéra, comme

____

1. Lettre à lady Herbert, 9 octobre 1869.

l'a dit le duc d'Aumale en prononçant son éloge, « la résurrection politique du pays ». Dieu, en le retirant promptement de ce monde, lui a épargné la plus cruelle déception.

Au commencement de l'année 1870, il était revenu de La Roche-en-Brenil à Paris. Chaque jour, ses forces diminuaient et ses souffrances augmentaient. Sa dernière sortie eut lieu le dimanche 6 février; il se traîna à l'église Saint-Thomas-d'Aquin, en face de sa demeure, entendit la messe, reçut la communion et rentra exténué. Cinq semaines plus tard, sa dernière journée s'écoula comme celles qui avaient précédé. Il écrivit à M. de Champagny, qui venait de prendre séance à l'Académie française en prononçant l'éloge de Berryer. Vers cinq heures, il reçut M. Émile Ollivier, alors ministre de la justice et des cultes, qu'il désirait aussi faire entrer à l'Académie, à la place de Lamartine; il l'entretint de cette candidature et, de plus, lui recommanda la promotion à l'épiscopat du Père Perraud, de l'Oratoire, aujourd'hui cardinal. La nuit venue, quand il dut passer de sa bibliothèque à sa chambre à coucher, il laissa sur son bureau le brouillon d'une lettre destinée au baron Hubner, pour le féliciter de son *Histoire de Sixte-Quint*, récemment parue. Le lendemain, dimanche 13 mars, vers huit heures du matin, tout à coup la sœur qui le soignait vit sur son visage la mort. Elle eut le temps de lui suggérer, il eut le temps de pousser le cri suprême du chrétien mourant : « Mon Dieu, pardon », et il expira.

V

Ainsi s'est terminée, après de longues souffrances, par une mort soudaine, la carrière rapidement remplie, prématurément brisée, de M. de Montalembert. Les deux sentiments entre lesquels, au début, se partageait son âme, l'amour de la religion, l'amour de la liberté, se sont accordés ensemble, pour inspirer jusqu'à la fin sa parole et diriger sa vie.

Il a continué la lignée des laïques illustres qui ont rallumé, devant le siècle présent, le

flambeau de la foi chrétienne. Mais il l'a continuée, en marchant dans une voie jusqu'à lui
non frayée. Ses devanciers parmi nous, Chateaubriand, Maistre, Bonald, s'étaient arrêtés,
en quelque sorte, aux dehors du christianisme;
ils s'étaient proposés de montrer sa beauté
extérieure ou son utilité sociale. M. de Monta-
talembert, avant tout autre homme du monde,
a porté la lumière à l'intérieur de la vie chrétienne. Son premier ouvrage a été consacré à
la sainteté d'une jeune femme, épouse et veuve,
morte à vingt-quatre ans, il y a six siècles; le
dernier, aux vertus surnaturelles, déployées
durant le Moyen Age par les moines. D'autre
part, en éclairant et glorifiant de la sorte le
passé de l'Église, il s'est refusé à s'y renfermer
sans regarder au delà; par une initiative
hardie, il s'est retourné vers l'avenir et, dans
le dessein de préparer à la religion sa juste
place à travers cet avenir, il a invoqué, au
profit de sa foi, ce qui paraissait dès lors
la condition et le gage de tout progrès moderne : la liberté.

Il a invoqué la liberté avec un accent qui
ne pouvait tromper, en homme qui l'aimait

pour elle-même, sans arrière-pensée ni calcul,
par l'élan naturel de son âme. En tout pays, à
toute époque, il l'aurait servie. Dans la France
contemporaine, les mœurs et les institutions
libres lui ont paru seules capables de régler
et de purifier, en son développement irrésistible, la démocratie. A ses yeux, l'égalité étant
désormais inévitable, la liberté devenait d'autant plus désirable, et aussi d'autant plus difficile à maintenir et à pratiquer. C'est pourquoi,
se rendant à cet égard témoignage à lui-même,
il s'est rangé à la suite des hommes dignes de
mémoire qui, dans notre pays, d'âge en âge,
depuis L'Hopital jusqu'à Tocqueville, « ont
voulu, rêvé, réclamé une liberté honnête, sincère et réglée[1] ». Il tient, en effet, dans cette
élite des citoyens, une place analogue à celle
qu'il s'est faite dans l'élite des chrétiens. Tandis
que la plupart des libéraux français ne se sou-
ciaient guère que de la liberté politique, c'est-
à-dire de la participation du citoyen au gouvernement de l'État, M. de Montalembert, d'accord
avec eux pour vouloir cela, a de plus cherché

---

1. *OEuvres complètes*, Avant-Propos.

à étendre la liberté individuelle et domestique,
c'est-à-dire la faculté pour chacun de disposer,
sans intervention de l'État, de lui-même et de
ce qui lui est propre. La première liberté, qu'à
son entrée dans la vie publique il a revendiquée, a été celle du père de famille dans
l'éducation de ses enfants, et la dernière, qu'il
ait souhaitée dans sa retraite, a été celle du
père de famille dans la distribution de son
patrimoine.

Comme il était, d'ailleurs, homme d'action,
plutôt même qu'homme de doctrine, il a em-
ployé la liberté politique à conquérir les libertés
d'un autre ordre. Il s'est attaché aux institutions parlementaires, ainsi que le soldat s'attache à l'arme qu'il manie. Il a agi, il a lutté,
par la parole plus encore que par la plume,
et, chez lui, l'orateur s'est montré supérieur à
l'écrivain.

Si l'on demande maintenant à quels résultats
ont abouti de telles visées et de tels efforts, il
faut tout d'abord le reconnaître : le terrain
que l'Église a gagné et gardé à notre époque
a été conquis soit par M. de Montalembert,
soit en suivant la route où il s'est engagé. Au

profit de l'Église et en vertu du droit commun, la liberté d'enseignement et la liberté d'association sont entrées depuis un demi-siècle dans les lois ou dans les mœurs et, en dépit des haines que soulève l'usage religieux qui en a été fait, en face d'ennemis implacables et toujours menaçants, elles survivent aux coups qui les frappent ; elles restent fécondes.

Et pourtant les combats que M. de Montalembert a livrés ont rarement été victorieux. Même après sa mort, la mauvaise fortune a semblé poursuivre ceux qui ont marché sur ses traces ; ils ont vu les mécomptes succéder aux désastres ; jamais dans leur vie publique ils n'ont connu d'heureux jours. C'est à travers de courts succès et de longues défaites qu'en définitive la liberté religieuse a pu se développer et se maintenir.

Aujourd'hui, au milieu des obscurités de l'avenir, rien n'apparaît clairement, si ce n'est ce que M. de Montalembert avait pressenti quand sa carrière s'est ouverte et ce qu'il proclamait encore quand elle s'est fermée, à savoir que la démocratie pour se rendre digne de la liberté a besoin de devenir chrétienne et

que l'Église, pour être libre, a besoin que la
nation le soit elle-même. Sans liberté religieuse,
la liberté civile et politique est insuffisante et,
sans liberté civile et politique, la liberté religieuse est impossible.

FIN

TABLE

IMPRIMERIE CHAIX, RUE BERGÈRE, 20, PARIS. — 1064-1-97. — (Encre Lorilleux).